人文武术精品书系

勿使前辈之遗珍失于我手

勿使国术之精神止于我身

陈鑫

陈氏太极拳图说

卷二

武学名家典籍丛书

陈鑫陈氏太极拳图说

陈鑫·著

陈东山 陈晓龙 陈向武·校注

陈鑫（1849－1929年），字品三，清代岁贡生，陈式太极拳第八代传人。自幼聪慧过人，从父研文习武，尽得家传。他晚年总结祖传太极拳之精髓，结合自身实践之经验，历时十二载，写成《太极拳图画讲义》三十万言，但因各种原因，未能出版。陈鑫临终时，将所作书稿悉数交予陈椿元，陈椿元在陈鑫去世后，率领家人，耗时三年，对书稿进行整理、修订，重新补写成《陈氏太极拳图说》四卷。

1933年，在唐豪、陈泮岭等人资助下，此书首次在开封开明书局出版，立即引起全国轰动，称该书出版为『国术界至今又开一引人入胜之大道』。

北京科学技术出版社

陳氏太極拳圖說 卷二

感谢陈东山先生收藏并提供版本

陳氏太極拳圖說

卷二

褚民誼題

太極拳圖說卷二目錄

高探馬
右擦脚
左擦脚
中單鞭
下演手
二起脚
獸頭勢
踢一脚
蹬一跟
演手捶
小擒打一名小擒拿
抱頭推山
單鞭

第十三勢庇身捶前半勢圖

此圖是由金剛搗碓精行既足後先將右足開一大步約尺四五寸然後將右肩很往下下右肩從右膝蓋下過去方爲合式此所謂七寸靠甚難甚難今則未有能者即此圖亦是右肩已從膝下過去泛起來勢非肩正過膝時勢至於手或有先以右手摟膝從東面轉一大圈搦捶落在額旁再以左手摟左膝倒轉一大圈手落在腰插住腰此是一格又有右手左手一齊分下右手向前左手向後兩手之落與上所言同此又是一格此圖從後格

此圖是庇身捶前半勢運行身法勢不可停留氣機因有七寸靠打法故圖以示人

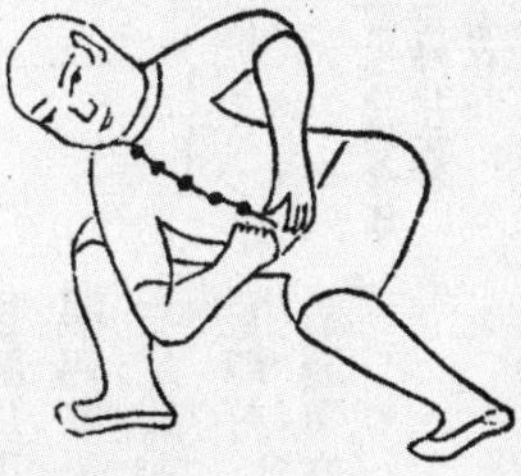

上半身在下頂精中氣愈不可失膪與腰下去脚要用力踏地固其根基身法越近下越好右肩幾欲依著地面只有七寸高如敵人在前面捺住吾頭將右足入在敵人膪裏面右肩依著敵人小腹用肩力往上一挑（去聲）敵即飛起跌下

節解

庇身捶乃回顧之法身在西眼在東頭在上眼在下引蒙前半勢已言之矣不必再贅此是身法

左肘與右肘合住精

肘尖更得很向前

眼神看住左足指

胸前爲北身後爲南

頂精領好必以中氣下貫至尻骨

身往東斜腰向西折前面易照顧肩臂亦不必說肩臂以下全憑心之靈明顧之

西

左手與右手皆神若對臉合住精

一腰精下好微往西折

右手捶與左腰間左手合住精

胸要含蓄用合精合住

右肘與左肘合住精

東

左足與右足合住指亦向東北蹬緊

膪愈要圓而虛靈以備轉關敏捷膝以下皆死煞故全憑腰與膪轉動

右足與左足合住指向東北平實踏好

右膝與左膝合住撐好

打拳以北爲上故始終以北爲主此圖面向北

庇身捶內精圖

此是正庇身捶成式圖

右肘彎向前與左肘尖向前者一齊合住精中氣由後頂貫到脊骨二十一

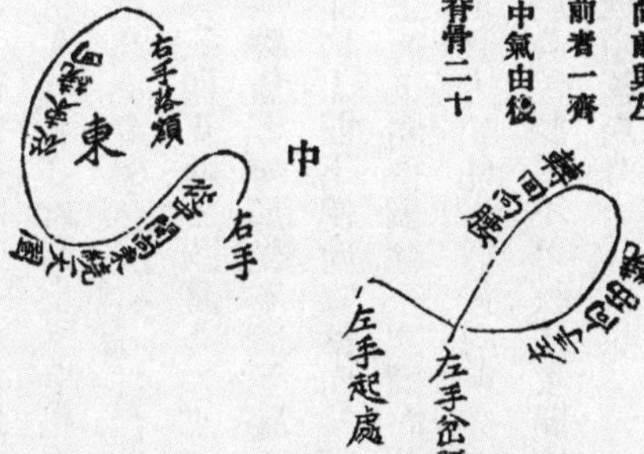

此圖名爲背折靠庇身捶後勢以足庇身捶餘意

非另外一勢也　內精圖

須用周身力反折

用肩打非第肩力

而肩其聚精地也

用法如敵人以兩手摟吾肱膊引近彼身勢幾前傾吾肩膊正近敵胸吾肩向外反折回擊之有此一法故不憚再以圖以發其蘊

十三勢庇身捶一名披身捶

何謂庇身捶以捶護其身何謂披身捶以兩手從中間平分披下又名撇身錘（撇上聲折也） 何言乎爾以囘折其身名之此勢上承金剛搗碓以右手領右脚手向下行右脚向東開一大步身卽隨步涉下泛起來身撇住（卽折腰之謂） 頭囘視左脚指右乳向前向後各一半身微彎身雖斜而中氣要直右脚尖向東北右膝裏合左脚鈎住指向東北眼注於此身法當右足開步右肩向下腰得彎且彎能彎儘管彎肩從不能至膝下卽與膝平亦可不能去地七寸不必拘滯手法右脚開步時右手卽由上而下轉向東微向後二三分倒轉繞到前頭捋捶落額上以衞其首手背朝上左手亦自上而下向後倒轉一大圈向前岔住腰無脅支處二三四五四指盆腰前大指在腰後依住腰以助腰力屈住肘肘尖向前與右肘彎合住精右手與左手合右肘與左肘合項往後扭頭往上提胸含住腿根不可挾腰要開圓膝與膝合足與足合周身一齊合到一塊神氣不散方能一氣流通衞護周身

庇身捶是敵在身後制我我以肩臂肐膊背敵依我何處卽以何處反折擊之又有人從東方來將近吾身身卽往後稍退少許右肩轉過精來右肐膊屈住右手捋捶向敵人小腹上猛伸肐膊

以捶擊之此庇身捶以捶衞身以捶擊人又一格也

庇身捶後演手捶七言俚語

右肩往後退幾分轉過精來又一捶此捶專向小腹打一擊中的便傷人

庇身捶七言俚語歌

庇身捶勢最難傳兩足舒開三尺寬兩手分開皆倒轉兩腿合精盡斜纏右拳落在神庭上（上星穴下在顖門下）左拳岔（去聲）住左腰間身似側臥微嫌扭眼神戲定左足尖頂精領起斜寓正膪間撐（膝撑開）合（精合住）半月圓（似月半彎之勢）右肩下打（下往下下）七寸靠背折一靠更無偏右手撤回又一捶此爲太極變中拳

身背面爲陽胸腹爲陰左右手用倒轉精是由陽而合於陰也至於用臂折精擊人是右轉精由陰轉陽而以陽精擊人庇身捶勢既成合住精靜也用臂反折回動也是由靜而之動總之由肩而下右手倒轉圈身亦隨之倒轉背折靠右手順轉圈身亦隨之順轉是爲上下一氣背折靠右手是順轉圈左手是由後自下而上至前是倒轉精不如此不能與右手一順運行此必然之勢亦理之自然該如此不然則兩手反背不能相助氣亦不順故也至於肩臂後縮以捶擊人以手

背拧捶腕往下合打人由陽而合於陰陽精也未縮肩之前靜也至捶往東面向下擊小腹動也是亦由靜而之動既動之後靜復生也動靜循環豈有間哉吾所謂一動一靜一開一合足盡拳中之妙非心有權度未易立於不敗之地因敵所來而應皆取勝

取象

此勢右手在上左手在腰右肘尖向東左肘尖向北右足在東左足在西氣海向北華蓋扭向西北眼在上視却在下天庭向西足指皆向東北上下皆有相離之勢故取諸離卦體外强中虛有手足皆勁而心體虛明能照全體之象九二黃離元吉象曰黃離元吉得中道也拳能明乎中正之理奚往不宜上九王用出征折首獲匪其醜无咎（背折靠即出征之象也）

第十四勢披身捶末尾向下打指膛捶圖

講義上已詳明但未繪其形像故繪圖令人一閱便明

捋住拳手背朝上

合住精打

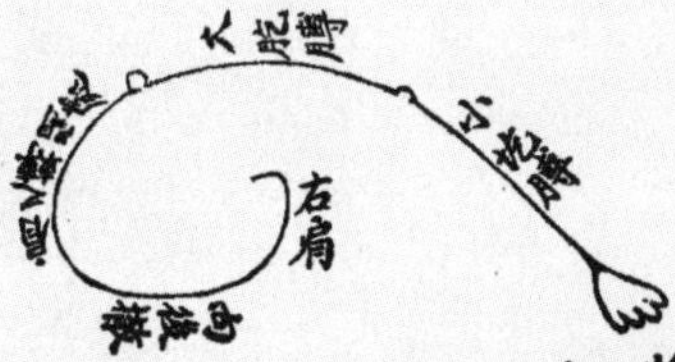

肩轉過來隨右手向下

第十五勢肘底看拳

胸要含住精又要虛

右肘屈住五指伸開相依

眼看住左肘下右手捶

提鋼全在頂精故頂精一領而周身精神皆振

敵人之來必先有風急者其風大緩者其風微卽無風亦必有先兆敵人在前眼能視之其或在右在左在身後是卽先兆試思彼不在前面而在左右與後心存叵測惟憑耳聽心防

左膝屈住撐開合住精

足指點住地是虛脚爲下勢伏來脈

襠開圓

右足平實踏地

右膝屈住撐開與左膝合

腰精下去

肘撐開外方內圓

右肩塌下手挎捶

肘底看拳老式

此是手從東方收回沿路所走之形

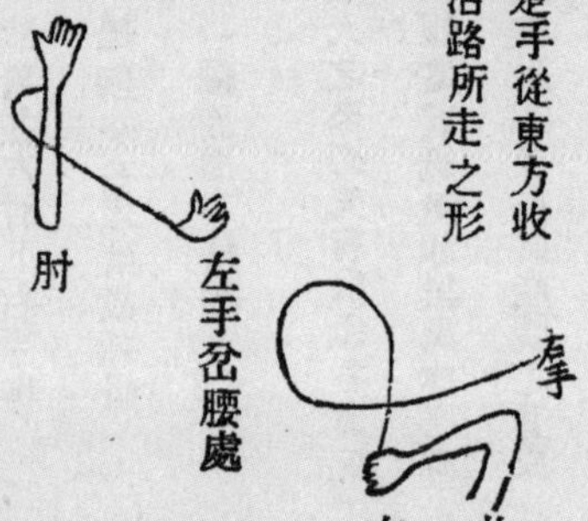
此是肐膊已成之勢
右手拳在肘下

先大人傳與吾者必令左右一齊拚起一齊並運右順左逆一齊轉圈一齊合住並停住手摔起領住

新式內精圖

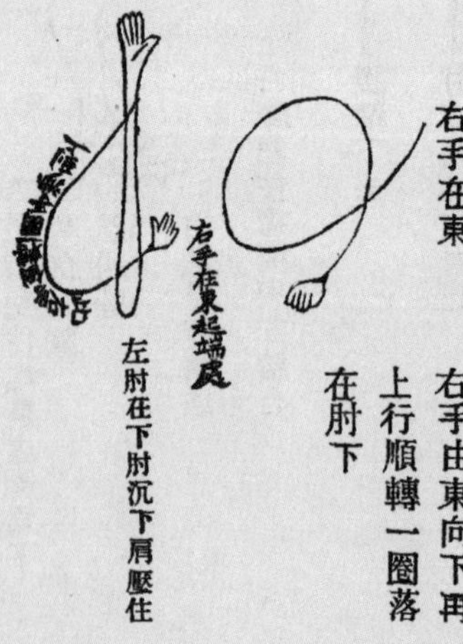

何謂肘底看拳以右手捋拳落於左肘之下故名先以右足指向東北者用脚後跟不離地一摔

轉使足指向西微偏北一二分平實踏地左手自上斜下先自北向南再自南轉囘北倒轉一圈肐膊屈住手展開指相依朝上肘在下左足從西收囘收到右足邊去右足五六寸左膝屈住膝蓋與肘尖上下相照膝向外開精往裏合脚指點住地先爲下倒捲紅伏其來脈右手自南向北順轉一圈仍歸至南捋住拳落左肘下眼看住拳右膝屈住膝往外開精往裏合訣在大腿跟撐圓大腿內股上邊往裏合如此不惟合住精膽亦圓項精領住腦微偏西北顖門微向下一二分胸合住迹似停氣却不停必待內精徐徐運到十分充足下勢之幾躍躍欲動方能上勢與下勢打通中無隔閡一氣流行不但一勢如是拳自始至終每勢之末皆如是

肘底看拳左手爲陽右手爲陰手背爲陽右腕爲陰人人共知何用多贅但左手自下而上倒轉由向外而內繞是由動之靜也非徒繞圈由動之靜已也右手由東收在上順轉一圈涉下去拳落在肘之下亦是由動之靜亦非空繞一圈由動之靜已也蓋左手倒轉其精由指肚發起向下而外斜纏轉囘不論圈數斜纏到腋卽由腋外往裏斜纏亦不論圈數纏到左指肚止如此方能與右手合精右手順轉其精由指甲向下至裏由裏向外斜纏至右腋卽由腋轉囘由內而上而外至下斜纏至指甲止與左手合住精欲合住精須用纏法不用纏法外形似合住其實內精未

曾合仕故吾謂不徒手轉圈實心氣之在左右手中運動纏繞無一間停止至所謂靜者在拳中不過較於動氣息稍靜耳非停止之謂天地陰陽豈有停止時哉如夏至一陰生陰靜也至陰生之後何嘗有一時不長哉又如人之坐臥寢寐身之靜時也而一呼一吸何嘗或間功至此規矩粗有可觀特未活耳再能進進不已以至活動則更進一層室中奧妙詎難窺哉孟子曰大匠誨人必以規矩規矩者方圓之至也以之誨人是則大匠所能也至於巧大匠不能使惟在學者苟至於巧則是遵規矩而不泥規矩脫規矩而自中規矩而要志不可滿滿招損諺有曰天外還有天一滿即招損能遵規矩不失其正雖成敗利害有所不計

取象

此勢形骸似不聯屬手則有展開有捋拳足則相去雖數寸遠而有平踏有顛立且五官百骸皆有踢束之形實具習坎入坎之象故取諸坎然曰五剛柔相濟終有謀出險之時坎中滿人之心理畢具中氣歸於丹田有上坎下坎之象經文習坎有孚維心亨行有尚象曰習坎重險也如吾身入重險之中水流而不盈（如吾之謙能受益）行險而不失其信維心亨乃以剛中也（言吾心中有實理而又以中氣存於丹田亦以剛中）行有尚往有功也（言吾有此浩然剛中之氣存於中何往不宜）天險不可升也（言天降之災舉莫能禦）地險山川邱陵也（言人之所侮任憑何地曾能禦之）

王公設險以守其國言拳之有備無患何有於險　險之時用大矣哉言拳之時措咸宜無可無不可　中爻震言陽氣伏於下震爲龍手之變化猶龍震錯巽巽順也素患難行乎患難順時而行二變爲坤錯乾外柔而內剛拳之形雖若跼蹐而乾坤正氣常自舒暢何懼坎之不能出要拳要到窄路能自固守不失遇寬路游行自若無滯礙矣本卦上坎下坎言中氣實而又實也錯離言心之明而又明也

肘底看拳四言俚語

左肘在上右拳在下胸有含蓄側首俯察左足點地右足平踏兩膝屈住膕中闊大神完氣足有眞無假承上起下形像古雅

前題五言俚語

也背彌猴象仙桃肘下懸桃喻拳　敢看不敢食言拳之不可摸恐被擊也　靜養性中天屈身自處以待來者

第十六勢倒捲紅

此老式也胸去地二尺今人皆不能故稍變其勢避難就易然其活動處較勝老式故特圖之以示老式之原樣恐失傳也

右手涉到上面肘微彎指微屈

背骨領住身鋪下去又得往上領住大彎腰往後退行

此大鋪身法頂精愈得領好眼神看住左足不然恐履非所履以致立不穩當故眼神住此

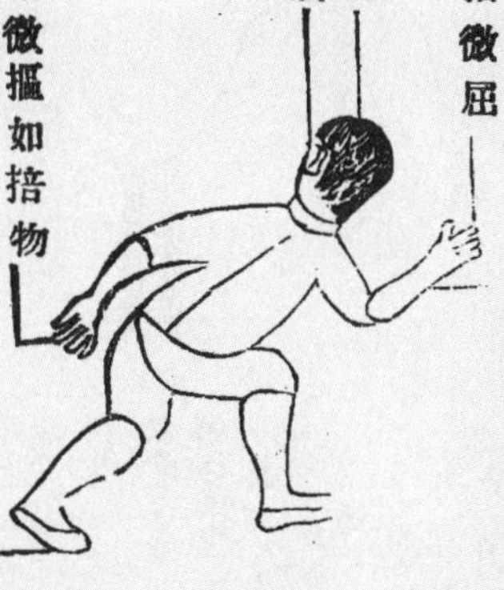

右足平踏

左手在後肐膊微屈一二分指微摳如掐物

退行法脚往後倒退行開大步

左足前掌著地用力

倒捲紅從肘底看拳地位退行自前向後至白鵝亮翅止必待左脚在後方止此是倒捲與下勢

分界處

此倒捲紅左半身倒轉圈內精所運圖式右半身手往後倒轉圈內精與左手同

左手從左面繞一大圈涉上至頭前上邊

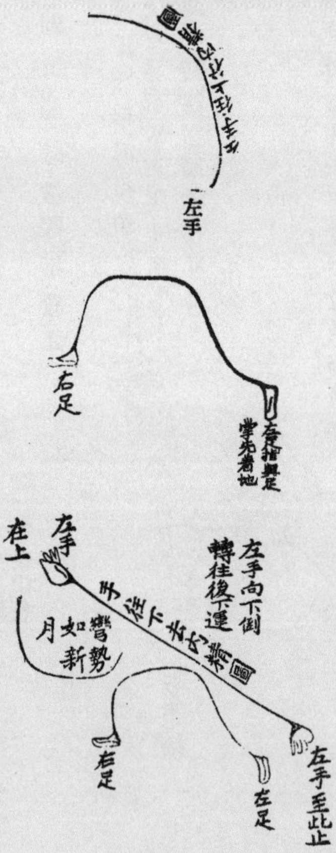

倒捲紅

何謂倒捲紅足退行手從上往下倒轉往後倒而捲之紅者不留情面儘力擊之故名倒捲紅指

肚精由內至下由下至外再由外上纏復至內是倒纏精是斜纏法自腋斜纏至手復由手纏到肩裏邊復由肩裏邊由內而下而外而上至內斜纏至指肚此是半圈身法足法皆是隨手法倒纏退行之形左手在後由後到前則右手到後右手由後倒轉到前（前卽面前其位在上）則左手卽倒轉到後（後謂身後其位在下）左手到上右手到下右手轉回到上左手卽轉到下手以足之退行爲的左足退行一步約有三尺許左手亦倒轉一圈左足在後左手亦在後迨至右足退行在後左手與左足皆在前矣右足退行到後右手也是隨住右足倒轉一圈到後右足右手在後則左手左足到前左手左足到前則右手右足到後左右手一替一回互爲前後更迭運行圈圓如車輪運轉但車輪一齊向前運此則兩手更迭往後行

取象

此勢退行胸腹在前坤爲腹卦取諸坤坤言先迷足向後退行不知著於何地是先迷也曰後得主言足向後退行足得住地是足有主也經曰利象曰後順得常是足已得地手亦隨之有常度也初爻履霜堅冰至言退行如履霜堅冰至當預防後患二曰直方大言倒捲退行心中之氣直以方也不習无不利地道光也言雖退行無妨也三爻含章可貞言胸有成竹正而固曰或從王

事言不得已而軍退自守是旡成有終也五爻黃裳旡吉象曰文在中也言腹中條理分晰美在其中也雖退行倒捲無所傷害上六龍戰于野言退行而以手倒捲戰也曰其血玄黃如勁敵在前加以兵刃而後退行倒棬而戰能保必無傷害乎用六象曰以大終也陽大陰小坤錯乾以剛中之道終其事故曰利永貞蓋坤至柔而動也剛至靜而德方故退行無虞六五君子黃中通理正位居體美在其中而暢于四支發于事業美之至也倒捲退行美亦如是左手隨左足右手隨右足上下相隨有是隨卦意象辭動而說隨故再取之

咏倒捲紅長短句俚語

簾看珍珠倒捲正氣貫住中間陰陽來回更換隨機左顧右盼退行有正無偏一氣相貫似兩個車輪旋轉莫仰首遙瞻莫顛腿高懸仔細看看兩面左右手眞信得太和元氣倒轉十分圓

五言俚語

舉足皆前進此勢獨退行兩手如日月更迭轉無聲

又展白鵝右翅開虛擎兩手護懷來沉肘壓肩蛾眉省一點靈機在心裁左右手往北上不可直率其意如蛾眉之彎又如初三初四之月右足繞半圈向右開步左足隨之應歛能預定其理不能預定其勢故在臨時隨機應變宜引在引在自己斟酌

五言俚語

上承倒捲紅下接摟膝勢靈機只一轉右引自不滯

上下纏絲精與一切法律皆與前白鵝亮翅同

左足去右足三五寸遠足指倒點于地是虛步爲下摟膝拗步設勢右足向右開步指向西北平實踏住

左足到後右足在左足邊足指點地卽以右足向外繞半圈開一步左足隨右足到右面與右足

相去數寸足指點住地伏下勢脈上勢左足在東不動右足點於其側故此勢卽以右足向右開步甚易此右足虛立卽此勢之來脈此勢左足在右足指點地爲下勢向左開步之易也勢勢承上起下皆如此餘見弟一白鵝亮翅

取象

本勢左手從右手運左肘從右肘左足從右足猶兌卦之二比三三比四四比五意故取諸兌心與腎在內猶二與五之剛中也手與足在外猶兌之三與上柔外也以心之誠接物以柔外雖柔說中實剛介是謂說以利貞彖曰順乎天而應乎人以心運手順勢轉圈有天道焉上兌也腎藏志以足從志亦順勢轉半圈有人道焉下兌也初爻和兌二爻孚兌四爻商兌上六引兌內以誠心商確外以柔順之氣引人之進是以剛氣伏於柔中也是勢純是引進之精故取說諸兌而又專取引兌之象爲主又人以心爲主四體從之猶比卦之九五居尊有剛德而衆爻之比輔相從也彖曰比輔也下順從也原筮原永貞旡咎以剛中也不寧方來上下應也此勢四體從心而運官骸皆悅以順從故又取諸比而要皆以乾坤正氣行之也

第十八勢摟膝拗步

摟膝拗步右手繞到前虛虛籠住左手繞到後束住手亦虛虛籠住右手去胸尺餘左手去背六七寸中間腰微彎合住胸有包羅萬象有得乾坤正氣象心平氣和凝眸靜視右手中指擋精撐圓亦要虛兩膝合精兩足大指向裏裏脚底前後皆要用力平實踏住地其餘一切法律皆如第一摟膝拗步

左右手精皆倒轉外往裏纏
左右足精腿精用包合法皆是外往裏纏

取象

上之摟膝拗步取乾坤坎離方位然猶未盡其義拳當功力既熟端正恭肅敬其所事不敢自滿

有謙謙之意故又取諸謙謙者有而不居之義山至高乃屈而居地之下謙之象也止于其內收斂不伐順乎其外而卑以下人謙之義也彖曰天道下濟而光明地道卑而上行天道虧盈而益謙地道變盈而流謙鬼神害盈而福謙人道惡盈而好謙謙受益人能卑以自牧自有休休有容氣象形呈于外合二爻鳴謙貞吉右手在前左手在後左足微前右足微後二足相去二尺有餘而其心一以恭敬運行雖其身有分裂之形而心却有主又合三爻勞謙四爻撝（撝萊註裂也）謙之意不矜不張局度雍容雖曰習武文在其中矣五爻利用侵伐上六鳴謙利用行師自是拳中內含之意果能謙以居心何處不宜豈但摟膝拗步哉而摟膝拗步愈不可放故又取諸謙

第二摟膝拗步六言俚語

前有摟膝拗步今又摟膝拗步非是好爲多事除此不能開步白鵝手皆在右此則右前左後橫開膛有一尺任人四面來侮此身全仗虛靈官骸無所不顧况秉謙謙不已君子何憂何懼任爾奸巧叢生自是剛柔素具謙卦艮下坤上艮爲手能以手止物艮綜震陽在兩足坤順也錯乾健也故言剛柔悉具震爲足故言足

第十九勢閃通背前半勢

右手運行圖

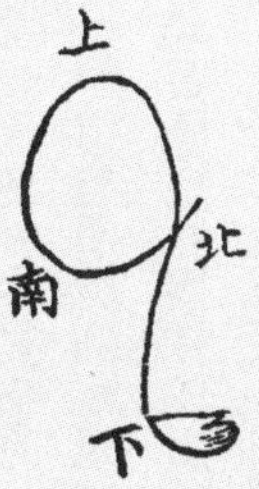

右足方向西開步右手即向南而北轉一圈側欆住手向臍中涉下去頂精領好中氣通脊骨下二十一節左手隨右手亦繞一圈左足退行開步到後東方左手從上涉下復自下涉上到背後此是半勢圖非停留勢

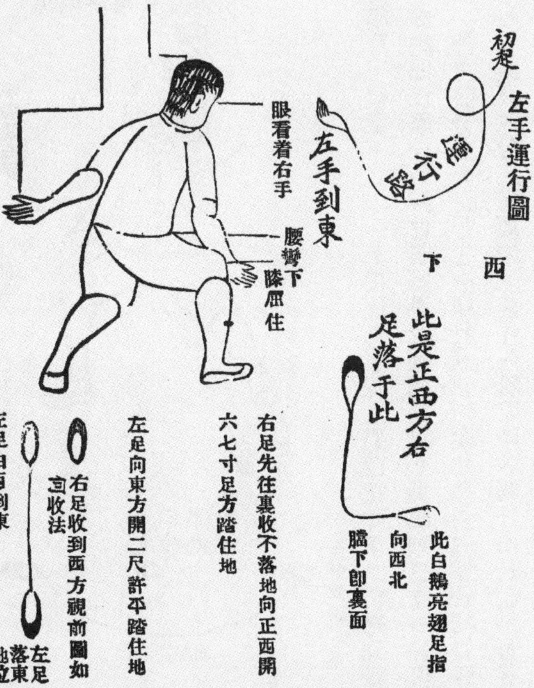

右足先往裏收不落地向正西開六七寸足方踏住地

左足向東方開二尺許平踏住地

右足收到西方視前圖如宣收法

左足由西到東

閃通背中截圖

前右脚在西此則左脚從右脚前倒轉步過右脚二尺餘落在西方亦下停留一勢未成如何能暫停閡者莫誤内精前勢腰彎下時中氣從背下二十一節起逆行而上過頭頂前涉下至丹田此執中氣由丹田發起逆行過胸到頭頂越腦降下復至下二十一節接住仍逆行上過頭頂降下去仍歸到丹田此督脈逆行接住任脈下去轉回任脈逆行接住督脈逆行到頭頂降下仍歸到二十一節復自下逆行上過頭頂降下歸到丹田前勢督脈逆行任脈順行只轉一圈此勢任脈逆行接督脈過頂順下至二十一節卽轉回督脈復逆行上過頂涉下接住任脈順降下歸丹田是任先督後

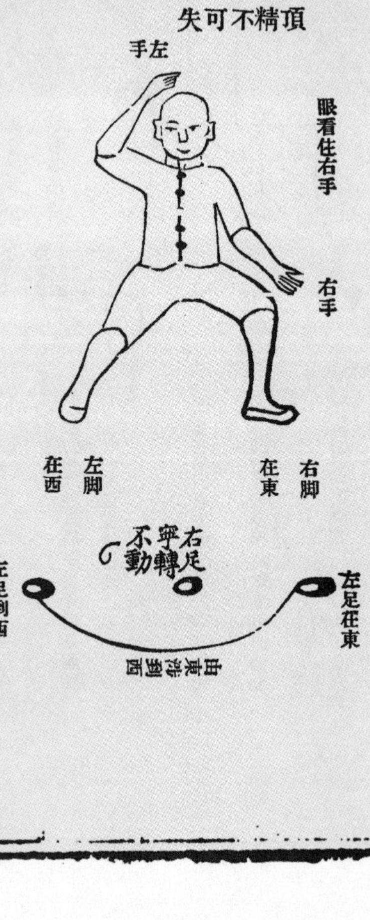

轉一圈復督先任後又轉一圈是中截一勢而脈督來同轉兩圈也

閃通背末節圖其界限祇到此以下是演手捶

內精任脈從前襠下過後督脈接住與中氣逆行徐徐上去越腦至頂百會穴內精逆行界限祇到此止此圖合前二圖共三圖為一勢

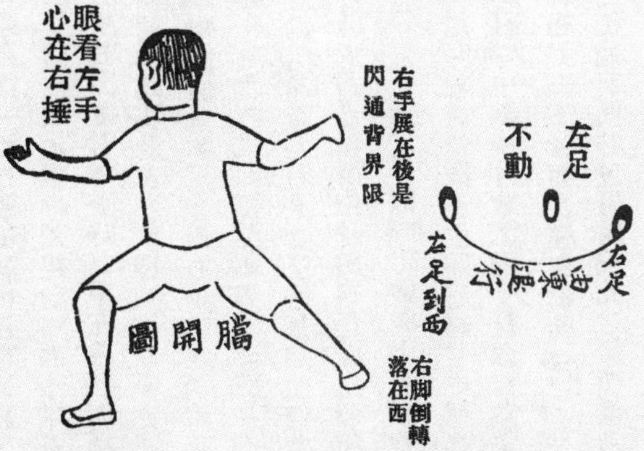

襠開圖

左手有欲應後之右手將前進步打捶之勢胸要合住此亦未停之勢必待演手捶畢而後稍一停留即打下勢左脚不動但後跟一擰轉足指向西者轉向東此左足在東方之故因右足涉在左足之後也

此圖是後手已為下演手捶設勢故捋住捶已入演甲裏

閃通背是倒轉圈左足只起初向西開一步在西不動但管奪轉脚後跟右脚從西倒轉到東再從東倒轉到西看倒轉一圈右手隨住右足運行獨起初右手涉下是順轉精至手涉起往後皆是隨右足倒轉用倒轉精左右手於閃通背彎腰時左手在後東方內精由手倒纏到腋及左足到西左手精由腋自內向上外轉順纏到手及左足倒轉到東左手亦在東猶是順纏到手虛虛領住以待右捶向東擊而應之起初閃通背右足在西右手亦在西右手由上涉下身涉起倒轉半圈右足在東右手用倒纏精亦在東及右足倒轉至西右手亦隨身倒轉至西展開肐膊捋住捶捶與腰平左手在前與肩平是爲閃通背左右手之正格是爲閃通背兩手一定不易之界限

何謂閃通背以中氣由心下降過臍到丹田復由丹田與任脈逆行而上越臍越上脘華蓋天突廉泉至承漿下嘴唇督脈接住逆行水溝人中素髎鼻準越神庭上星顱會前頂以至百會下降越後頂强門腦戶風府啞門大椎陶道身柱神道靈臺至陽筋緒脊中懸樞命門陽關腰俞以至長强背脊骨俞也再至會陰極矣是前任脈後督脈下面兩脈起端處中氣由百會下通于長强會陰是謂通背閃者如人摟住後腰前面腰向前猛一彎頭與肩往下一下後面長强與環跳即大腿外骨往上用力挑其小肚往上一翻敵自手散開顛倒從吾頭上閃過前面仰跌吾前矣此之謂閃通背

身是倒轉圈右手至上隨之倒轉以右手爲主

手隨身轉實隨足轉右足

所落右手隨之

右手運行圖

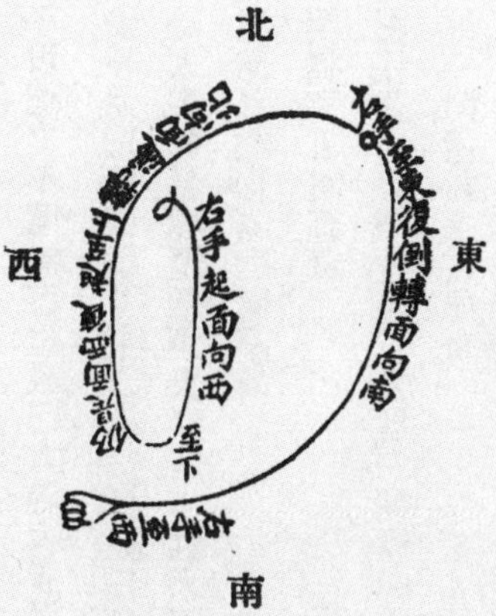

左手亦隨身倒轉圈

左手運行圖

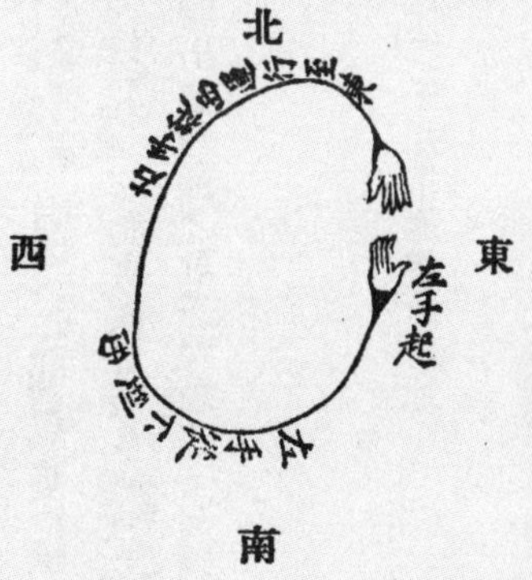

取象

本勢頭在上而向下面向西倒轉向北而東又自東倒轉面向南大轉一圈轉者由此轉過彼拳

中大轉身法倒轉又屬陰大過巽下兌上長女少女皆陰象故取諸大過初爻上爻皆陰爻猶手足之居上下兩頭柔順以聽命也中爻二三四五皆乾道也如吾心以剛健之德運乎四體又乾錯坤剛柔相濟雖大轉身四體聽命皆無礙也故九四棟隆吉言浩然之氣充足一心是以大象言君子以獨立不懼無害也彖曰大過大者過也（在拳只取其大意如船蓬過角之過）言身之大轉過也曰棟撓本末弱也喻手足曰剛過而中（喻心之正氣身雖大轉而能得其中道也）曰巽而說行（喻手足順以聽命也）曰利有攸往乃亨（喻拳之無轉不利常亨通）曰大過之時大矣哉易理至活至大無所不包天下何事能出其外吾之取乎大過者因大過字義取其大意而已敢以易理明拳哉

閃通背五言俚語

銅碑壓住背通身用住氣臂骨猛一翻頭顱往下趁任有千斤重能使倒落地

第一閃通背七言俚語

前人留下閃通背右掌劈下大轉身右脚抽回庚辛位周身得勢勝强秦

其二

肩臂何由號閃通督至長强是正中從下翻上爲倒精敵閃到前在我躬

其三

起初演手捶向西此處緣何獨轉東勸君有力休使盡要防猾敵從後攻

其四

自古世事各不同要拳豈有一樣行一著自有一著勢休敎局外笑不通近身屈肘用勢力去遠何能不展肱況兼敵人來無定運化全在一心中自從閃通大轉身一波三折妙入神禹門流水三汲浪（閃通一變一擊）詎少漁人來問津（敵又從東面來也）東來東打原無樣祇此一擊定乾坤人說此中多妙術浩然一氣運天眞

第二十勢演手捶

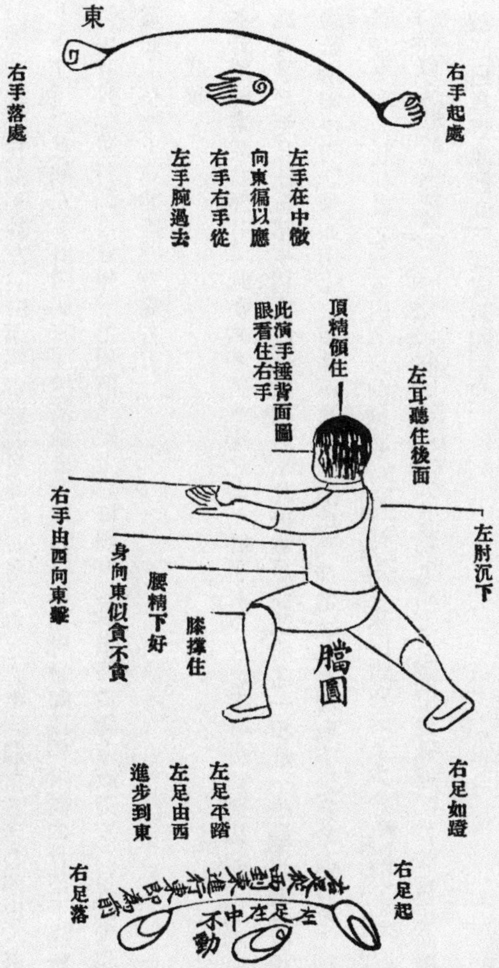
右手起處
東
右手落處
左手在中微
向東偏以應
右手右手從
左手腕過去
左耳聽住後面
頂精領住
此演手捶背面圖
眼看住右手
左肘沉下
右手由西向東擊
身向東似貪不貪
腰精下好
膝撑住
襠圓
右足如蹬
左足平踏
左足由西
進步到東
右足起
左足在中不動
右足從西到東進行東即為前
右足落

引蒙

閃通背右足在東不動左足由西起步過右足前進步落到右足之東閃通背右手在西由下設上合住捶向東擊左手展開手右捶摩擦過去右捶向東擊左肘微向西霸內精由丹田下過朧後再有長弜逆行到百會降下至肩前進運至右捶周身精神俱聚於捶方有力左右足踏地穩重如山在地上莫能搖撼方爲有力

取象

本勢精神聚於右捶有萃卦初六若號一握之象萊註言有孚之心若孚於前而以右手握拳斯爲有孚之至且經言萃亨利有攸往故取諸萃此勢右足從後前進一步是一小過角故又取小過右捶由後向前擊如山上之雷迅不及防其進比鳥飛還迅此右捶取小過之象也右捶不軟弱故又取大壯利貞之象彖曰剛以動故壯（右拳純是剛中之氣貫於捶故壯）象曰雷在天上大壯（右拳如天上之雷一擊如雷之霹靂一聲不及掩耳）初爻壯於趾征凶（右足落於東不再動此所謂足指有力再行則凶不再行則吉）大壯乾下震上以剛中之氣運之於捶貞正而固故二曰貞吉象曰九二貞吉以剛中也

第二演手捶七言俚語

忽然有敵自東來右拳卽向東面開右足進步休寬緩乘興來者仰面囘

其二

舉足前進向東催拳力如風又如雷（言其快也）問爾緣何進一步爲因下勢伏胚胎

第二十一勢攬擦衣

五言俚語

東方甲乙木右肱伸莫屈
似直似不直敵來不敢入
右手展向東左手防西觸
中氣運于心一發莫比毒
何況進如風疾迅誰能敵
形骸與人同用法只我獨
不是別有方只爲中氣足
靈明在一心巧處亦不一
祇要能中行鷄羣見鶴立
我爲學拳者敎道皆指出

上下左右身法一切如第一攬擦衣不必再贅至于承接法右手收回再展開右足收到左足邊指點地然後從西向外繞半圈向東展開

面向北圖

西　東　方

左足但奪脚後跟指向北在本地不動

右足從東收到西再從西繞半圈落到東

右手法

右手從東收回到身邊再繞向脅再展東連收帶轉共繞一圈

取象

此象取小畜大畜兩卦大意小畜曰自我西郊（言右手自西而向東也）象曰小畜柔得位而上下應之右手屬陰六四爲陰爻乾下巽上乾內巽外陽剛在中上下運之以應右手以應六四之陰曰小畜彖曰健而巽剛中而志行（言右手得陽之助方能伸展右手以二之剛中運之故伸）象曰風行天上（言右手如風行天上迅也）初爻曰復自道（言右手在下轉而至上以落于東亦復自道也）上九既雨既處尚德載（巽爲風雨爲陰右手爲陰以右手運中氣其迅速如風則陰散矣）（上九變坎爲輿下三爻爲陽德以輿載之）（言右手以中氣運乎手之內也）曰月既望者（言右手中氣之足猶十六之月光既圓滿有可望也）二爻牽復九五有孚攣如（言右手雖屬陰而陽氣皆牽連以貫于肱內）大畜乾內艮外艮爲手以右手運行止物必得剛氣行乎其中乾錯坤剛柔相濟艮綜震震東方也右手由西而展之于東震爲足左右足平穩踏地彖曰剛健篤實（言拳之中氣充足）曰剛上而尚賢（言右手之用便于左手稍賢于左手）曰能止健大中也（言右能以一手止歛之強得中道也）曰利涉大川（言大川能涉則無往不利矣右手如之）上九何天之衢亨（何去聲）象曰何天之衢道大行也（畜之既久其道大行）以中氣運于右手得其道而大行無纖悉阻礙

第二十二勢第二個單鞭

四言俚語

靈氣何生生於一心中氣何歸歸於兩臂心動志臂藏志從運我四支氣行骨中充於肌膚功久則靈其靈無比依著即知自然有應不即不離沾連粘隨如蠅落膠有翅難飛此中之妙微乎其微

面向北圖

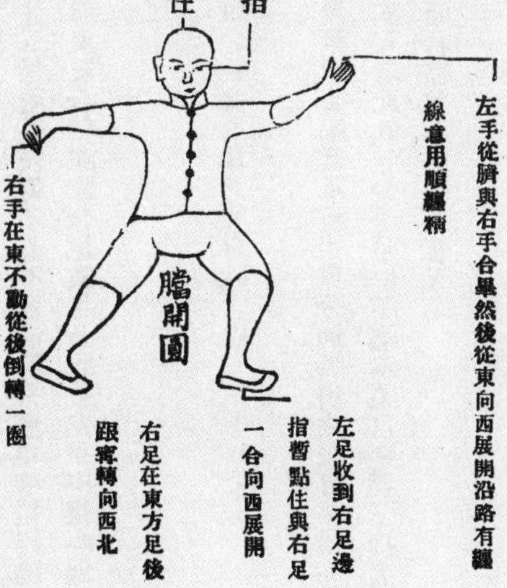

第二單鞭

右手從下向後轉向北繞一小圈左手從裏向北轉南亦繞一圈然後兩手照臉合住右手順住精往西展開左手用倒轉精向東展開東住五指兩肱慢彎不直不曲似新月形頂精領起臑圓腰精下去勢到成時氣歸丹田手與手合肩與肩合膝與膝合足與足合眼看左手中指心則前後左右上下皆照顧住勿懈

取象

第一單鞭取坎離否泰四卦此勢取象亦如之觀前取象之說自知

七言俚語

第一單鞭面向北二次單鞭仍向北前之單鞭承金剛此承演手與分別各勢來脈自不同非徙手足位向東一點靈氣從心起上入青天下入地此氣行於手足中不剛不柔自雍容下接雲手是去路卽是雲手之來龍八體（頂襠心眼耳手足腰）關緊君須記人力運成奪天工

第二十三勢右運手

單鞭左手在西即以左手領起右手右手運到東而左手即從上而下收囘至左乳前去乳五六寸當左手初領時肩即鬆下

兩肩一齊鬆下

頂精領起

眼看右手中指

右手

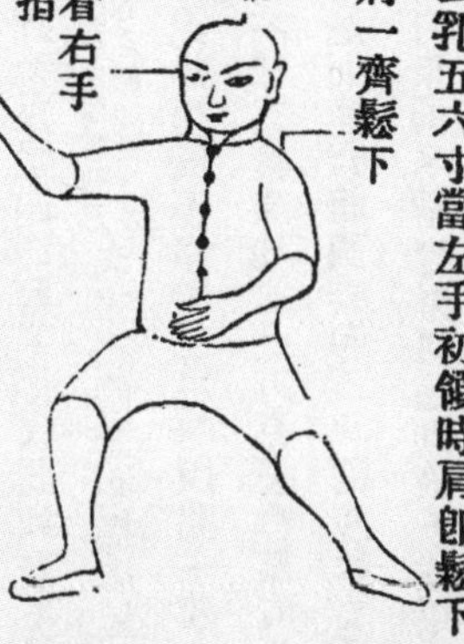

右手從東初（因單鞭右手在東故起於此）收至右乳順轉而上向東轉囘來復轉到右乳邊轉一圈

左足在西左手收囘左足隨左手轉一圈收囘與左乳上下相照指向正北

右足收到左足邊再向東運一圈落到東方平踏指向正北

左運手

左手在西西領足左手從下而裏收到左乳上行向西轉至西方是順轉圈此時右足適收囘至右乳邊矣

左足在西待右足展開收囘左足即由西收到右足邊轉半圈仍落到西方

眼看左手

肘沉下

膝屈二三寸

左足

右足

左足展開在西右足轉半圈收囘至西與右乳上下相照

左手運半圈至西方則右手即從東由下轉半圈往裏收囘到右乳邊去乳五六寸或七八寸

右手與右足從東收到右乳復運到東看轉一圈左手即從西起下轉半圈收到左乳邊不停左手即由左乳上而順轉半圈至西方是左足向西又開一步矣右足即從東收回到右乳邊下面右足隨右手自下轉半圈收到左足邊去左足六七寸遠右手到東左手即到左乳邊左手運到西右手即收到右乳邊左足向西慢彎開步到西右足即由下轉收到左足邊右足由左足上運前進到東左足即從西下運收回到右足邊一替一回更迭轉圈不拘一定數目大約皆有兩三圈（三圈左足向西開三步右足隨之跟三步）去第三個金剛搗碓地位約一步有餘以留下勢高探馬地位

二足更迭轉機不停留左足向西開一步右足隨之雖亦開一步然右足將至左足邊復自上轉回五六寸方纔落地如此方見運行無直步每左足開步右足隨之皆如是兩足向西運行面向正北足則橫行而西非向正北開步如右手順轉一圈前半圈中氣由腋裏邊向外斜纏到指後半圈自東回來精自外斜纏到腋下左手亦然至于足如右足前半圈由腿根內向外纏到指回來自外向裏纏至腿根左足亦然

面向正北圖

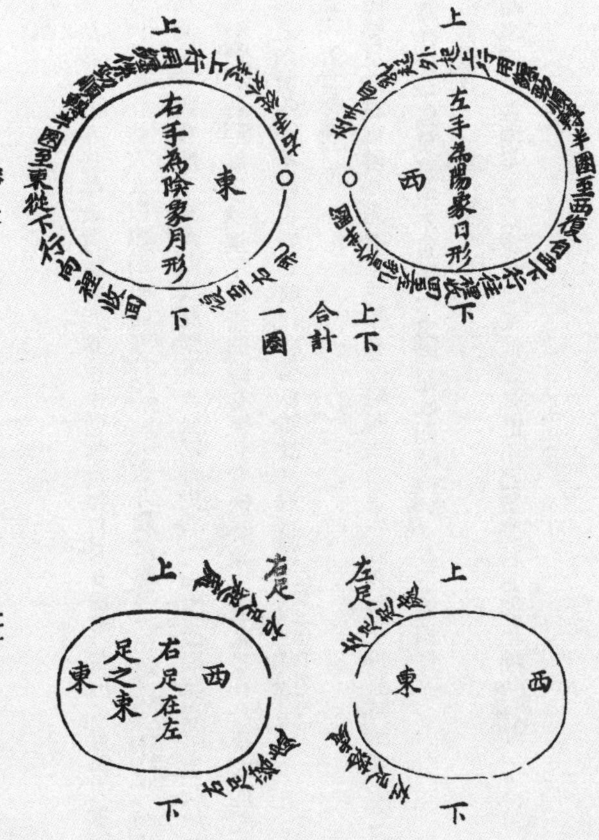

取象

左手爲陽象日右手爲陰象月乾爲天爲首手從頭過如日月之麗天彖曰日月得天重明以麗乎天象曰明兩作離大人以繼明照四方猶拳之以左右手照全體初九履錯然敬之无咎錯交錯東西爲交邪行爲錯拳之開步如之要以敬爲主合住懷胸中要虛合離中虛離錯坎腰精下去氣歸丹田合坎中滿故取諸離兩手既如日月又如雷風恆卦巽下震上巽爲風震爲雷兩手迭運不已無間斷有恆久意恆卦象曰恆久也日月得天而能久照蓋言天地之道恆久而不已也利有攸往終則有始故又取諸恆九二悔亡能久中也六五恆其德功皆似之

運手五言俚語

雙手領雙足左右東西舞先由左手領右手隨西去右足亦收西兩手與眉齊兩手去尺餘內外纏皆內向外轉徐徐中氣貫脊中不可歪一處右足收回時是臨終不舞左手至西住

七言俚語

兩手轉環東復西兩足橫行步法奇來回運氣恆不已雙懸日月照乾坤離恆胥有關切

第二十四勢高探馬

運手面向北此圖面向北轉成面向南此老式也左手領住右手從東繞一圈再領住左足向後拔一步落到東面面卽向南矣

左足隨右手向東繞圈時右足先後開一步後踵轉移指向西南左足再退行一大步落在右足之東

右足隨右手到東右足先向後退行落住脚右足後跟一扭轉足指向西南

右手隨左手向東繞一圈轉囘到西身扭過在前右手在前手背朝上展開

何謂高探馬如馬高大騎之而以手先探其鞍韂也故名之運手兩手在西敵人以手來侵我左肐膊我卽以右手領住左手引之使進欲使敵進必先以右脚往東退一步待引足然後卽以左手向西折囘而擊之此手之所以轉一圈也當引之時右手在東右脚隨右手退一步在東落地

用後踵奪轉指向西南左脚卽退行一大步過右足之東落地是實脚右脚是虛脚上邊左肘回擊卽扭過身向南左手卽抽回落於左乳下手腕朝上去胸二三寸護住胸身旣從西面扭轉向南右手與肱卽向西展開手腕朝下與左手腕相合如鞚鞍探馬勢右手是順轉精左手是倒轉精

左手圖

左右手內精運轉圖

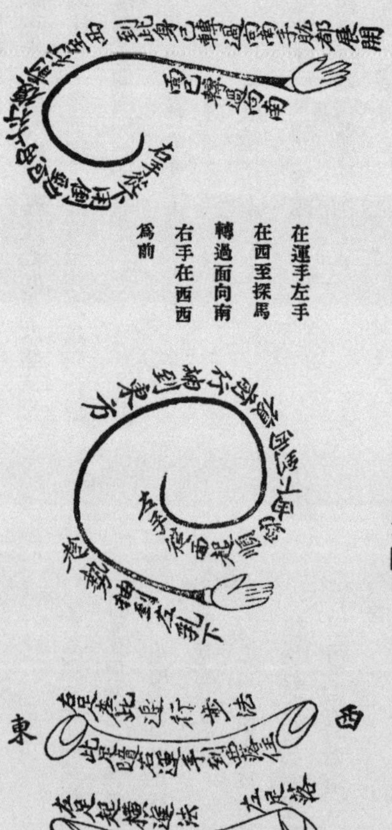

在運手左手在西至探馬轉過面向南右手在西西爲前

取象

此勢右手在前又在上左手在後又在下胸有含蓄極虛手在外而實心在內而虛有離象兩足前虛後實膪圓膝開而合震爲足上二畫象大股小股下一畫象足合震下離上噬嗑卦也故取諸噬嗑要拳不能不擊人不擊人不能衛身何用之頤中有物曰噬嗑手在上下未擊人先有擊人之勢如頤中未有物之象將來擊人頤中有物矣彖曰剛柔分言足在下爲震是剛在下也手在上大概爲離然離上下兩畫皆陽如拳之手在下在上也中間陰畫如心在中央極虛極靈動而明手足欲動而心先明以命之雷電合而章足如震爲雷心如離之明內外上下各自成章柔得中而上行兩手左屈右伸如離之得中道而上行象曰雷電噬嗑言人之有心如電之明有足有手如雷之剛初爻曰滅趾言我滅敵之趾二爻噬膚滅鼻言我打人之膚而又打塌其鼻四爻噬乾胏五爻噬乾肉言我雖遇勁敵勿慮也象取噬嗑言我有噬嗑之具雖未噬嗑而內有噬嗑之心外有噬嗑之形將來必有噬嗑事此特未之噬嗑耳事有必至理有固然皆是預決之辭拳取噬嗑亦預必之意又兩腿在旁中間空如離中虛右手在上兩腦在旁如艮覆碗離之中虛上行通心心火象以此心火一動運于右手是山下有火故又取諸賁彖曰柔來而文剛言以下體之柔來文艮之手故亨分剛上而文柔本卦綜噬嗑噬嗑上卦之柔來文賁之剛艮陽卦喻拳又分噬嗑下卦之剛上而爲艮利有攸往天文也在天成象不過日月五星運行一往一來剛柔交錯即大文也在要拳是賓意文明以止人文也蓋人文人之文也燦然有禮以相接文之止也而截然有分以相守喻右手在上能止能

守

觀乎天文以察時變觀乎人文以化成天下言拳有心以運手自能令人心服　初爻賁其趾艮綜震震爲足有趾之象艮爲手言拳有手足相顧

意

二爻賁其須在頤曰須在口曰髭在頰曰髯賁其須者雖小處亦顧　三爻象曰永貞之吉終莫之陵也高探馬人莫敢近　五爻賁于丘園深之高猶馬丘園也　象曰六五之吉有喜也人莫敢侵何喜如也　上九白賁旡咎象曰白賁旡咎上得志也天地間色卽是空空卽是色色色空空空空色色無生有有歸無何物不然豈獨拳乎豈獨拳中高探馬乎藝至此愜心貴當矣

高探馬七言俚語

八尺以上馬號龍㚒山獨立第一峯只爲欲乘千里疾高探超奢馬服封伯益之後超奢封爲馬服君

其二

冀北空羣得最難形高八尺不易探果能立勢超流俗千里一日解征鞍

第二十五勢右擦脚

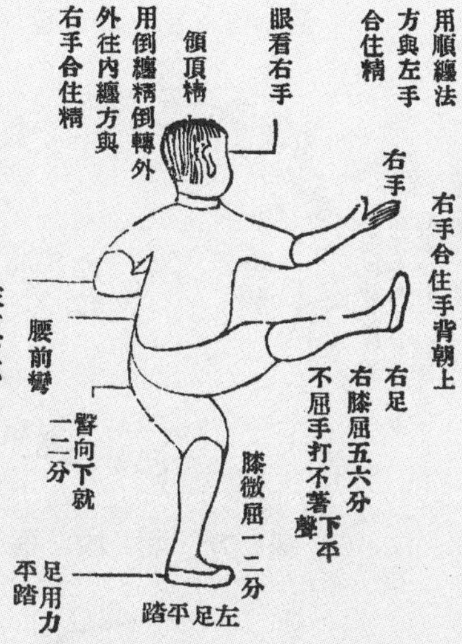

第二十六勢左擦脚

右手打右足先將右手向下折回到左脅上行向西用順纏法打右足面胸向前彎臂往後霸下就勢方能前後撐住不至傾倒左膝微屈左足方能立穩打罷右足右足少往前移一脚遠（是右足既落地而後移之）足指向北左足挪到右足前指向西北落住脚然後再抬起來未打足時左手亦從左脅上去向前打左足面亦用順纏精腰往西彎臂往下就勢向東霸然後左右方能撐住頂精要領

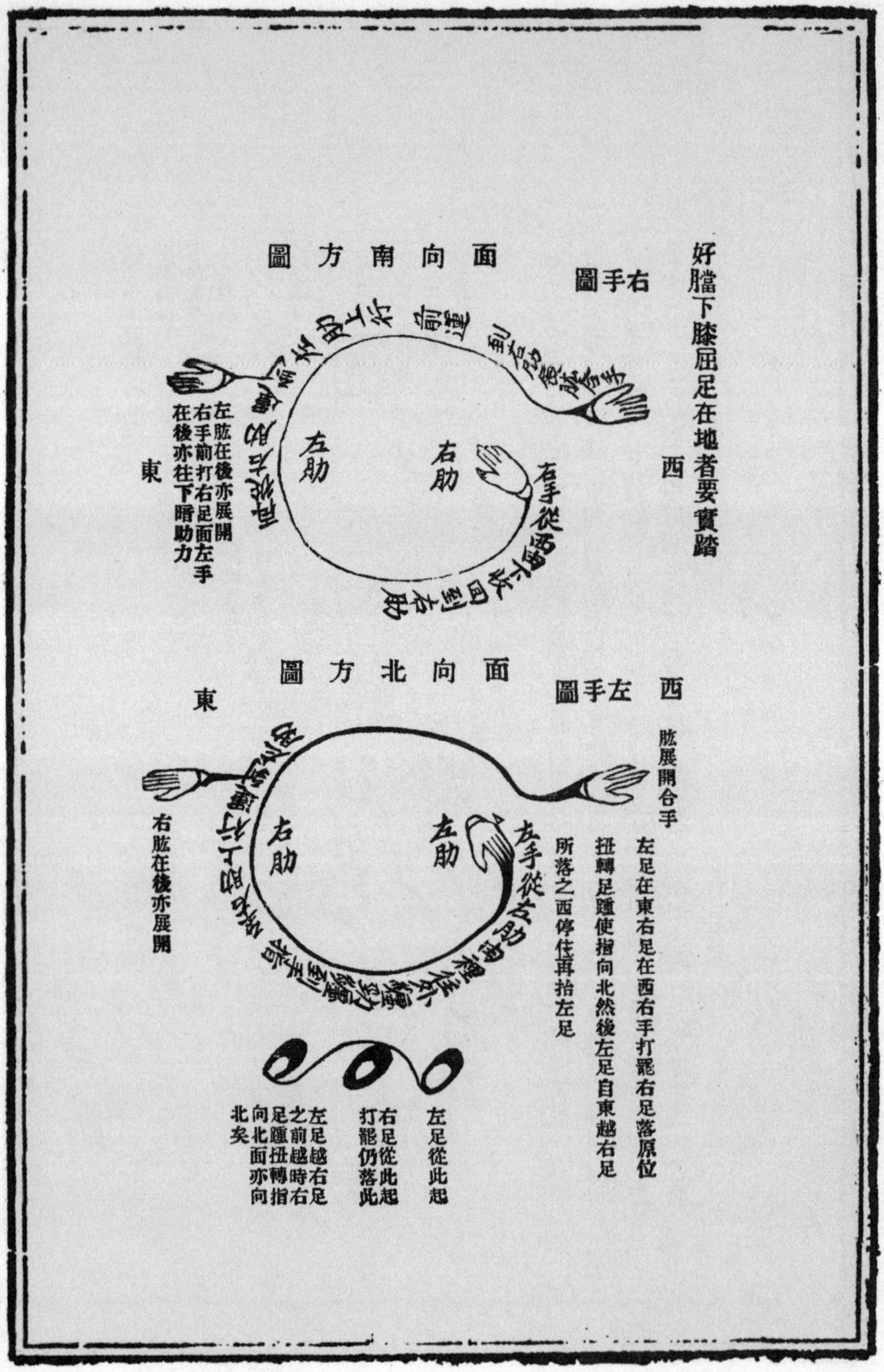
好膽下膝屈足在地者要實踏
右手圖
面向南方圖
西
東
右手從西往下收回到右肋
右肋
左肋
左肱在後亦展開右手前打右足面左手在後亦往下暗助力
左手圖
面向北方圖
西
東
肱展開合手
左足在東右足在西右手打罷右足落原位扭轉足踵使指向北然後左足自東越右足所落之西停住再抬左足
左肋
右肋
右肱在後亦展開
左足從此起
右足從此起打罷仍落此
左足越右足之前越時右足踵扭轉指向北面亦向北矣

右插脚取象

本勢以右手拍右足之面震爲足右足踢人艮爲手以右手助而禦敵正意也耍拳非眞遇敵拍其右足預形禦敵之威也足上踢手下打有益之意故取諸益彖曰損上益下（言以手助足）曰自上下下其道大光（言以右手自上下下至右足順道也故其道大光）曰利有攸往中正有慶（言內以中氣運之前彎腰後臀霸得其中正故有慶）（右足上踢无不利也）初九利用爲大作元吉（右足貴有作爲以之上踢大作也吉之至善者）有夬卦壯于前趾象有四爻臀无膚象（蓋右足前踢臀必隨之今乃令其後霸且稍就下无膚不露其膚也）

右插脚長短句俚語

右手從左脅摺出繞一圈手與心平展開肱左脚立定右足踢起不在頷下卽膈中能使人一時喪命凶得不用且不用未可以妄舉亂動

左插脚取象

右手方打罷插脚卽倒轉囘面向北復以左脚踢起左手掌朝下左手打之上勢左足方獨立罷今復以右足獨立在下右足爲陰巽下斷亦爲陰巽下艮上蠱卦故取諸蠱右股獨立戰懔不定不定而定如樹不生虫幾難自持而強爲支持彖曰蠱剛上而柔下（剛言左手柔言右足）曰利有攸往（言利于打擦脚）

曰終則有始（言此勢終下勢又始也）天行也（擧亦天理自然之運行也）初爻榦父之蠱（艮手在上有父居尊專于无爲而有爲）有子（言右足主立左足主踢服勞聽命猶巽之順）考无咎（言足能踢手能打猶父无咎也）五爻榦父之蠱用譽（言以左足上踢有功是用譽也）總之事雖有蠱有榦之者蠱自無且有功

左擦脚長短句俚語

右脚向北立定左手也是從右脅轉回手與心平展開肱左手合掌向下打左脚踢上快如風不偏不倚又踢在敵人膛中（敵非一人）當面見英雄

右擦脚四言俚語

部位記清面離分明左足先橫右足跟定右手左掐向足打平

七言俚語

先將左足向南橫（探馬面向北左足先扭向南右足扭向南面故向南）上抬右足面展平右手從左先繞轉上打下踢兩相迎

其二

面南左足定根基右手下迎不煩思渾身合住彎弓似東嘬西打自相隨

左擦脚四言俚語

面從南方轉向北方右足立定左足飛揚左手右繞下打不妨中氣貫足乃爾之强

七言俚語

再將右足扭向北扣合全身自有力左手右繞向下打絲絲入轂方合式

左右擦脚合咏長短句俚語

先將部位心記清從北轉南兩足横左足先立定右手從左繞一圈然後右足踢起右手向右足面打正打平右足踢罷向北横左足而往前跟定右足先踏正左手從右脅順繞一圈展開手舒開肱向左足面再打一聲頂精領起膽精下去一勢一脚立分明四面便無驚虎嘯風生手足迎太和元氣鍊得精靈明如轉睛動靜合輕重心存恭敬實體力行循序漸進十年乃成到爾時氣息紛爭意無滿盈方知到拳家有權衡

第二十七勢中單鞭

上半勢圖

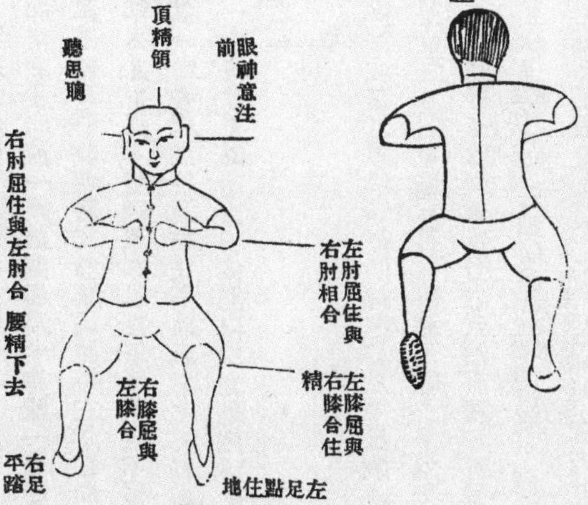

下半勢圖

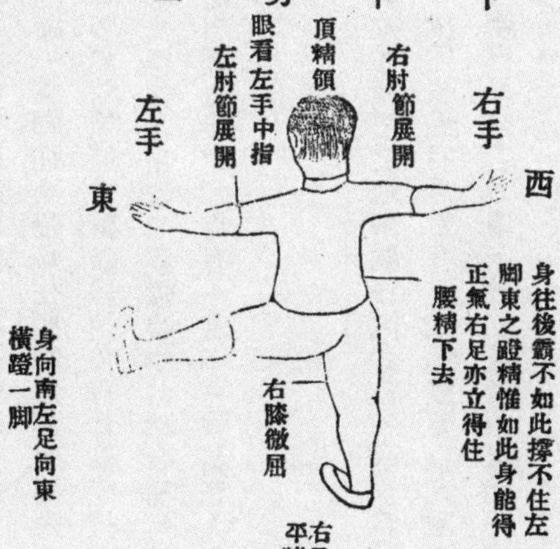

左手打罷左脚身從北而西倒轉回面向南左足立到東面足指點住地左右肘皆屈住忽然左手向東右手向西一齊展開名爲中單鞭一名雙風貫耳謂兩肱展開時左右手速從耳邊過如有風貫於耳中故名當左右肱展開時左足即向東蹬一脚脚往東蹬身往西霸使其東西用力相停得其中正不至倒跌右足在下不至立不穩要必頂精領好右膝微屈然後臂骨纔能往下稍就一點身纔能往西霸往不偏於東不偏於西中立得住凡事皆然能權得中自然合宜然權無一定身雖有偏用力相停能以中立是謂得中是謂權之無定却自有一定不可移易在人自會之耳

取象

乾爲首頭在上頂精領好眼神注於左手又兼注於左足所蹬之地兩肱展開如乾之剛震爲足右足立住左足東蹬如雷之疾震下乾上是爲无妄故取諸无妄无妄者至誠无虛妄也凡事盡其在我而於吉凶禍福皆委之自然有所不計彖曰剛自外來言大畜上卦之艮來而爲无妄之震震動也（左足東蹬震動也）曰動而健（言足蹬極其剛健）曰剛中而應（言乾健之手隨其左足以應之）曰大亨（言左手左足皆利也）曰以正（言宜蹬則蹬不妄蹬也且東蹬必中要地得其正也）曰天之命也（言東蹬亦理勢之自然而然莫非天命）曰有攸往（言蹬非徒蹬有爲而蹬即經言无妄之往）曰何之（對面便是有所蹬處）曰天命不佑

曰行矣心存以敬運以中氣何往不可初爻无妄往吉象曰无妄往吉得志也（言誠）

（對面便有蹬所宜蹬擊所宜擊天即佑之）四爻象曰可貞无咎固有之也（言單鞭可蹬可擊亦可不擊不蹬以其養之有素也）（能動物無不遂心即手擊足蹬之謂也）

內精

攬擦衣右肱本伸必與左肱合畢然後左手拉開單鞭中單鞭兩肘皆屈住如裹鞭砲（以我之肱裹人之肱）（向外展外擊人）忽然用順精一齊展開此是大同小異左足蹬亦是用順纏精合住蹬右足亦是用順纏精合住方能立穩

中單鞭七言俚語

身法端莊正無偏左右（手與肱）齊舒（伸展也）列兩邊左足向東蹬一脚全憑一木上冲天（震爲木爲足右足獨立在下）

其二

兩手忽聚而忽散浩然元氣貫中間右足下伏如基礎爲看左足半空懸

第二十八勢擊地捶

非真擊地言敵人被蹬在地而又趕兩步以捶擊之

上九敦艮吉言敦而全體皆在其中

左右肱與肩手自不待言矣

後頂後腦戶更得向上頷足

面雖向下而心却在背後

眼看住右拳

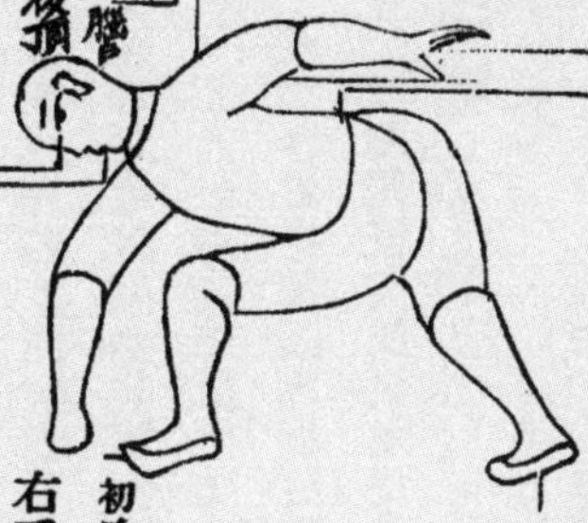

身仄擰住右肩在下左肩在上

左手在後在上顧住背後

六四艮其身身即胸與背也

九三艮其限限即腰也

二爻艮其腓腓足肚也此是右足

初爻艮其趾左膝屈生在左脅乳下

右手必擊著地面捋拳

六五艮其輔輔口輔頰之外也言輔艮而口之合可知

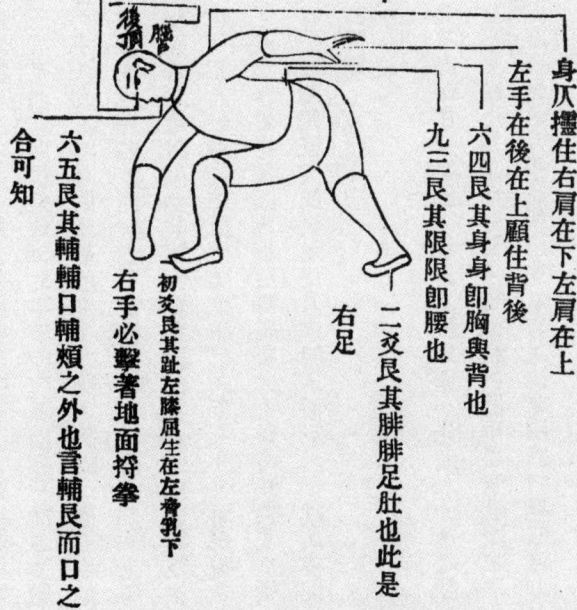

中單鞭左足向東蹬畢左足落下即向東開一步右足越過左足向東再開一步左足再越過右足向東再開一步右膝去左乳僅二三寸不如此則腰未彎下右手不能向地面打一捶右手擊地手背向東是爲合住捶打陽精也。手法左足蹬畢開步落地左手即隨之倒轉一圈右手越左足向東開步右手亦隨右足倒轉圈待左足再向東開步左手倒轉一圈左手落到左胯上時右捶即向地面上擊一捶此謂下演手捶左足臨終開步時膝大屈住膝去乳甚近腰大彎下去後頂更得往上提住勿令神廷承漿向下即令後頂提領面不向下即已向下七分矣而況後頂領提不足乎此關係最緊不可不知下邊膛口更得撑圓脚步更得踏穩此大鋪身法背高於臀不過數寸（言身彎下背之平前後高下不過五六寸）不如此人有捺背即傾倒矣或從東提耳亦即俯偃於地故膛要撑開足要踏地至於心純用在頭背上與右腿彎

昔吾少時

先大人嘗以此勢將身設下教吾弟兄二人捺住脊梁上下儘力使氣只覺　先大人一扭身吾弟兄二人一齊跌倒爾時即悟機關全在於腰上邊項精一領下邊膛精開圓兩足實在踏地中間腰精一扭轉任有多人亦捺不住況吾弟兄兩人乎此所謂中氣貫足物來順應物莫能違

內勁

左手圖

左足蹬時東開第一步左手用倒勁倒轉一圈

右手圖

右足向東開第二步右手亦隨步倒轉一圈用倒轉勁當左手轉夠一圈右手由上半圈捋拳向下擊只轉一

上半圈

下半圈

右足一步

右足落第二步

左足兩步共三步

右足自原位越過左足向開東一步是第二步從西而東左足先蹬一足向東落住左足落地第一步

左手圖　左足落第三步

左足向東再開一大步落住腰彎下左手隨左足用倒轉勁轉一圈左足落地右手乘腰彎下向地擊一捶

左足先蹬一脚開一步待右足繼開一步畢左足再往東開一大步則是一連三步當左開第三步右手纔轉下半圈待左手到後右手卽捋住拳向東與頭項齊下擊足過頭七八寸亦可從西而東下擊此是右手上半圈

取象

本勢全體向下獨左手在上猶在後其餘右手與左右足皆在地止而不動故取諸艮是由動而靜也至靜極復動矣動靜循環自然之理拳即此二氣一動一靜循環不已之妙用艮下艮上爲艮卦 艮者止也一陽止於二陰之上陽自下升極上而止此止之義也其象爲山下坤土乃山之質一陽覆冒於二畫濁在下亦止之象 艮其背不獲其身行其庭不見其人无咎 萊註本卦綜震四爲人之身故周公爻辭以四爲身三畫之卦二爲人位故曰人庭則前庭也五也艮爲門闕故門之內中間爲庭震行也向上而行面在上其背在下故以陽之畫初與四爲背艮止也向下而立面向下其背在上故以陽之畫三與上爲背上二句以下卦言下二句以上卦言言止其背則身在背後不見其四之身行其庭則背在人前不見其二之人所以一止也間既不見己又不見其人也辭本玄妙令人難曉孔子知文王以卦綜成卦辭說一行字一止字重一時字

彖曰艮止也時止則止時行則行動靜不失其時其道光明艮其止止其所也上下敵應不相與也是以不獲其身行其庭不見其人无咎也 以卦體卦綜卦德釋卦名卦辭言所謂艮者以其止也然天下之理无窮而夫人之事萬變如惟其止而已豈足以盡其事理哉亦觀其綜何如耳蓋理當其可之謂時時當乎艮之止則立時當乎震之行則行行止之動靜皆不失其時則无適而非天理之公其道如日月之光明矣豈止无咎而已哉然艮之所以名止者亦非固執而不變遷也乃止其所止也惟止其所當然之理所以時止則止也身辭又曰不獲其身不見其人者蓋人相與乎我則我即能得其人我相與乎人則人即能獲其我今初之於四二之於五三之於上陰自爲陰陽自爲陽不相與應是以人不獲乎我之身而我亦不見其人僅得无咎而已豈右時止時行豈止无咎哉八純卦皆不相應與獨於艮言者艮性止止則固執不遷所以不光明而僅得无咎文辭專以象言孔子專以理言 象曰兼山艮君子以思不出其位 兼山者內一山外一山兩重山 天下之理即位而存父有父位子有子位君有君位臣有臣位夫婦亦然富貴有富貴之位貧賤夷狄患難亦然拳之耳目手足頭身亦然有本然之位即有當然之理思不出其位者正所以止乎其理也出其位則越其理矣 初六艮其趾永貞吉 艮綜震震爲足趾之象初在下亦趾之象咸卦亦以人身以漸而上初六陰柔无可爲之才能止者也又居初卑下不得不止者也以是而上故有艮趾之象占者如是則不得輕舉冒進可以无咎而正矣然又恐其

正者不能永也故教占者以此 象曰艮其趾未失正也 理之所當止者曰正卽爻辭之貞也爻辭曰利永貞象辭曰未失正見初之止理所當止也 六二艮其腓不拯其隨其心不快 腓者足肚也亦初震足之象拯者救也隨者從也二比三從三者也不拯其隨者不求拯于所隨之三也凡陰柔資于陽剛者皆曰拯渙卦初六用拯馬壯是也二中正八卦正位艮在三兩爻俱善但當艮止之時二艮止不求可三三艮止不退聽于二所以二心不快中爻坎爲加憂爲心病不快之象也○六二居中得正比於其三正於其腓矣以陰柔之質求三陽剛以助之可也但艮性艮止不求拯於隨則其中正之德元所施用矣所以此心當不快也故其占中之象如此 象曰不拯其隨未退聽也 二下而三上故曰退周公不快主坎之心病而言孔子未聽主坎之耳痛而言 九三艮其限利其夤厲薰心 限者界限也上身與下身相界限卽腰也夤者連也腰之連屬不絕者也腰之在身正屈伸之際當動不當止若艮其限則上自上下自下不相連屬矣列者列絕而上下不相連屬判然其兩段也薰與熏同火煙上也薰心者心不安也中爻坎爲心病所以六三不快九三薰心坎錯離火煙之象也○止之爲道惟其理之所在而已亖位在腓之上當限之處正變動屈伸之際不當艮者也不當艮而艮則不得屈伸而上下判隔列絕其相連矣故危厲而心不安占者之象如此 象曰艮其限危薰心也 不當止而止則執一不能變通外既離斷心必不安所以危厲而薰心也 六四艮其身无咎 艮其身者安靜韜晦鄉鄰有鬭而閉戶括囊无咎之類是也六四以陰居陰純乎陰者也故有艮其身之象既艮其身則无所作爲矣占者如是故无咎 象曰艮其身止諸躬也 躬卽身也不能治人不能成物惟止諸躬而已故爻曰艮其身象曰止諸躬 六五艮其輔言有序悔亡 序者倫序輔見咸卦註艮錯兌兌爲口舌輔之象也言之象也艮其輔者言不妄發也言有序者發必當理也悔者易則誕繁則支肆則忤悖則違皆悔也咸卦多象人面艮卦多象人背者以文王卦辭艮其背故也○六五當輔出言之處以陰居陽未免有失言之悔然以其得中故又有艮其輔言有序之象而其占則悔亡也 象曰艮其輔以中正也 正當作止與止諸躬止字同以中而止所以悔亡 上九敦艮吉 敦與篤行之篤字同意時止則止貞固不變也內有敦厚之象故敦臨敦復皆以土取象上九以陽剛居艮極自始至終一止而不變敦厚於止者也故有此象占者如是則其光明何吉如之 象曰敦艮之吉以厚終也 厚終者敦篤於終而不變也賁小畜蠱頤損蒙六卦上九皆吉者有厚終意

擊地捶右手捋拳依地肱展開艮下卦之一陽右足指踏地左足五指踏地象艮二陰爻此艮下卦之象上卦艮上者枕骨通大椎以下二十一節象艮之一陽後臂兩

分象一陰爻左右臟支兩分象第二陰爻此艮上卦之象吾之取象猶不止此艮止也以頂精領住臟精下去腰精用好餘皆各止其所蓋蹬時足開步手倒轉動也動極必靜是時當止也時止則止是止其所當止也止極必起此先爲下勢之起設勢

擊地捶七言俚語左脚蹬一跟將敵人蹬仰臥於東去吾甚遠又恐其復起故吾則必連三步趁其未起來而又向其身再擊一捶令其不復再起

轉過臉來面向南東蹬左脚看奇男二句承上連三趕步腰脚健深入虎穴用手探取也

其二

放開脚步往前貪己罷東蹬左足懸己能者足已落於地下擊一捶光制命然後回身欲飛天

第二十九勢二起

右手下演手畢隨地躍起而以右手順轉一圈卽以手腕向右脚面拍之或有以左手先領起左脚左手左脚將下右脚卽飛起而以右手倒轉一小圈拍其右脚面前法路近

眼看住右手

頂精更得領起來

身法心精往上一提全身精神振奮皆往空中聳躍右足能高頭頂方合式卽不能與天廷齊亦可再不能與肩平斯至下矣

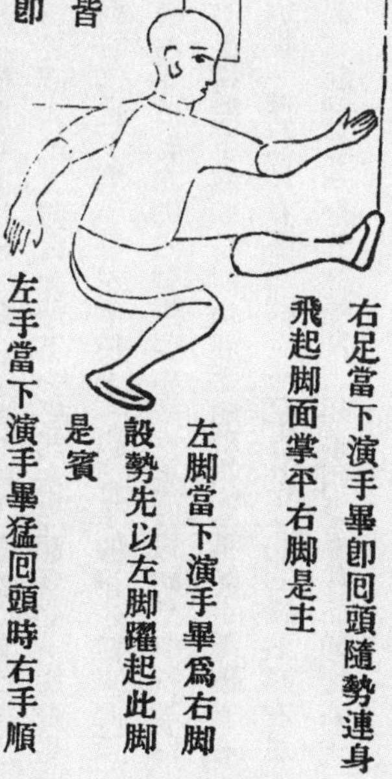

他勢肩要鬆下獨此勢肩要與身並提起

右足當下演手畢卽回頭隨勢連身飛起脚面掌平右脚是主

左脚當下演手畢爲右脚設勢先以左脚躍起此脚是賓

左手當下演手畢猛回頭時右手順轉一圈拍右脚左手倒轉一圈以助右手之精如兵家設疑兵以助軍威言手而肩與脚皆在其中

何謂二起左右二脚相繼一齊離地四五尺而躍起也故名踢二起右手下演手捶剛栽下擊人西面又有敵人從背後來犯我卽猛回頭以右手自下而上自南而北而下左手亦自下設到上面遂時自上下去左脚卽先踢起以引右脚起勢左脚將要下去右脚卽隨左脚升提上躍之精亦往上盡力升提（升往上去也 提提精神也）上踢脚面要平此時右手在下不停隨住到轉之精自下速上合住手掌而以右手拍右脚之面待左右足相繼落地其形尙未停住下勢之機又動矣二起之界至此而足此最大之勢因右手身法所轉之圈大故其勢大此最下一等踢法然學者必先由此路爲入門之始等而上之右手不用涉到右邊當下演手畢左手往上一起右手卽以之從東而西復自西而下向東而上而西轉一圈畢右手拍其左脚二脚躍起亦是左先右後此是中一等踢法再等而上之是上等踢法頗難當右手捋捶下栽卽時卽以右手順勢用順精轉一圈拍其右脚面右手順轉一圈左手却用側精倒轉一圈以助右手之精至于足亦是左先右後然必左足先用力很往上踢而後右脚始能踢高二起純是用全體升提法二起畢兩足立住而向南右手在西左手在東如單鞭勢下

內精　二起右手下等運行圖

右手復向西運行到西方打足

手外圖右足也

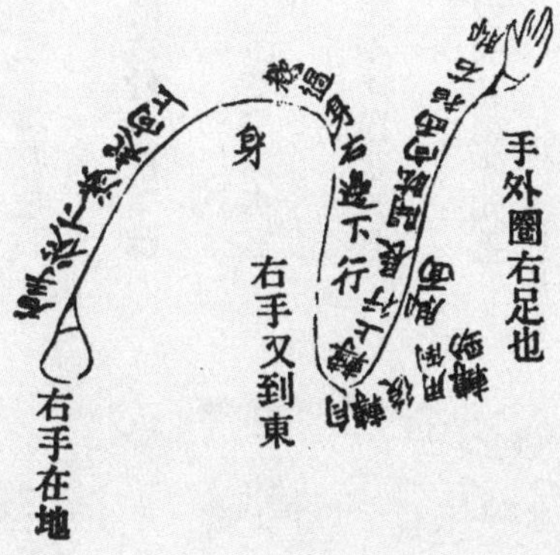

中等圖

原初面向下涉上打

罷面向南立不停

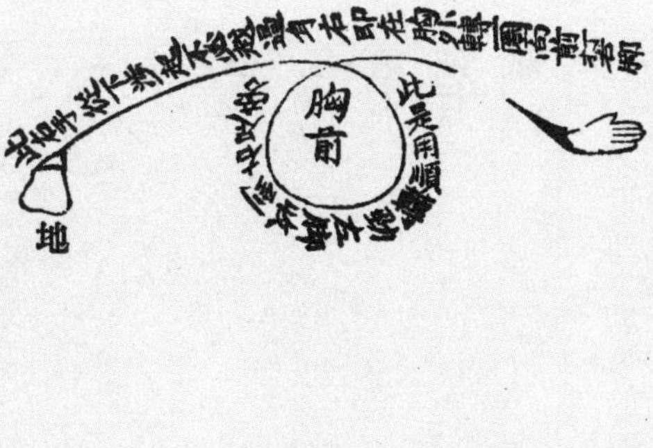

上等手法運行圖

踢二起上等打法就外觀之較中圖下圖似易而實難非久有功夫不能踢起來且非親閲其境不知蓋以本地風光不預設勢故也

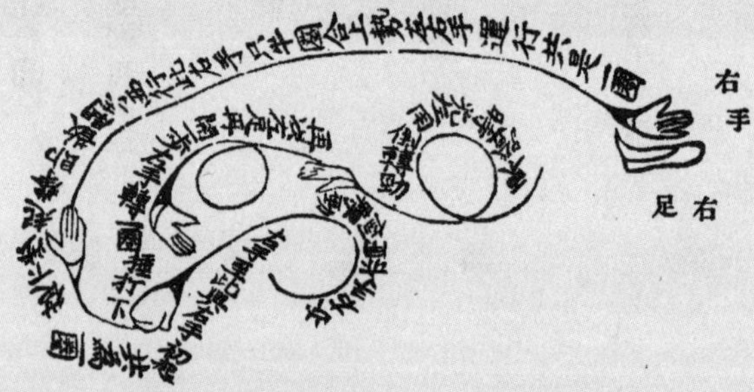

此三圈是上等左右運行圖

取象

本勢左足先起震爲足震下右足從後起震上合之則爲震故取諸震震動也物未有久止而不動兩足動而週身皆爲之奮起此震之初爻四爻陽一動則二爻三爻五爻六爻亦隨之而震動上勢靜極此勢有震來厲之象足之所起者極高故又有乾卦飛龍在天之象心精一領起來而五官百骸皆隨之而俱起故又有隨卦隨有獲之象且從下演手捶奮然而起如澤中有雷隨能不震驚百里哉

二起五言俚語

二足連環起全身躍半空不從口下踢何自血流紅

其二七言俚語

中氣提來膂力剛連環二起上飛揚若非先向東伏脈西擊何能過鼻梁

其三

飛龍在天不爲好（龍之常事）澤中有雷難措巧（由地起高最難）但憑此身鎔鍊久先學魏雔一距躍

第三十勢獸頭勢

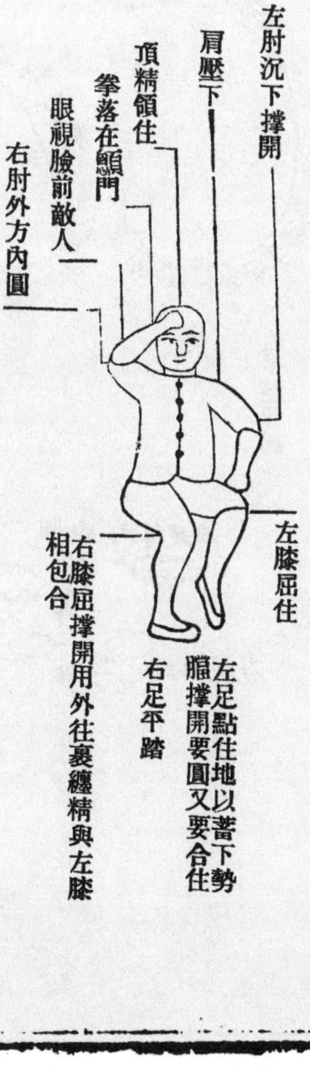

何謂獸頭勢右拳在額左拳在左膝上中間瞪住眼而睩視之（睩惡視兒音標）其形凶惡如房上獸頭故名二起畢左足先落下右足向前開六七寸左足再往前開尺許然後左右手從左膝兩旁分下用倒轉纏絲精纏到拳上右拳落額上去額五寸在正額外左拳落左膝上去腹七八寸去膝二三寸許左足在西者收到右足邊去右足五六寸點住脚爲下勢伏脈

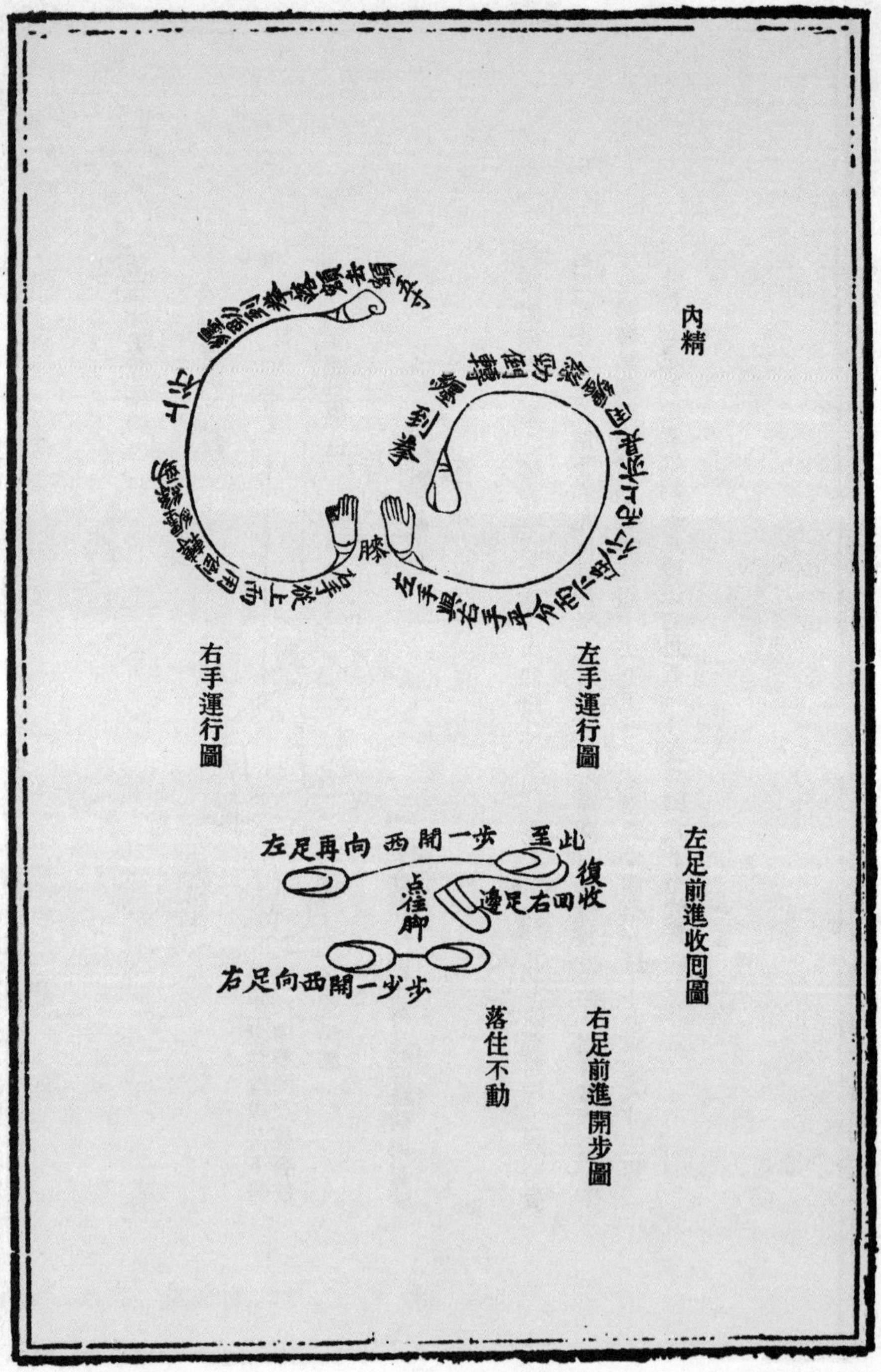
内精
右手運行圖
左手運行圖
左足再向西開一步
至此
復收
左足前進收回圖
右足向西開一步步
落住不動
右足前進開步圖

取象

本勢精神全聚於目視敵人神情往來觀其外卽知其內故取諸觀觀者以人觀我拳則以我觀人觀敵所來之路徑而乘便以應之也彖曰大觀在上順而巽中正以觀天下（言二目在面大觀在上也順而巽者巽多白眼視其大勢順勢擊之中正者心平氣和以觀敵是觀天下）曰觀天之神道而四時不忒（天卽天理天機也神道路道觀他人先機是露所來之路道而以四支隨機應之）三爻觀我生（生生命也）進退象曰觀我生進退未失正也（兩人相敵性命所關外觀諸人內觀諸己知己知彼百戰百勝而一以中氣御之未失大中至正之道）四爻觀國之光善觀色者能禦小敵亦能禦大寇所以能觀國之光也五爻象曰觀我生觀民也（民卽敵之謂）上九觀其生君子旡咎（君子喻成手）象曰觀其生志未平也（言拳家手成能平其志自無橫氣无往不可）巽上兩畫陽左右拳也巽多白眼主觀察巽錯震有精神振作意下卦坤坤爲腹有上體屬陽下體屬陰坤錯乾柔中遇剛坤下巽上曰觀獸頭大勢之意有符於此故取之有睽卦見惡人象有頤卦虎視眈眈其欲逐逐象有天壯利貞壯于趾之象有夬卦九五大人虎變其文炳也之象究之象之所呈雖多武人之形而內實柔順中正又有明夷內文明而外柔順之意故於諸卦取象之餘又取諸明夷

獸頭勢七言俚語

瞪眼搦拳像最凶機關靈敏內藏胸左足虛點先著勢何人識此大英雄

其二

兩拳上下似獸頭左足西往又東收護心拳裏無限意欲用剛強先示柔

四言俚語

右股要曲左股要束左足點地直而不直右拳在額左拳在膝上下相顧並我心腹運用在心聰敏在獨（獨者人所不知而已所獨知之地）欲剛先柔欲揚先抑太和元氣渾然中伏靈機未動預知無敵

第三十一勢踢一脚

歡頭勢左足點地即隨勢面向北以左足點地
者向西往敵人膻中朝上踢一脚

歡頭勢左手在膝上者因左足
上踢左手亦隨勢與肐膊一齊
展開與肩平以助左脚之力

眼看住左足所踢之地勿使不
中的

頂精領住

右手在額者因左足上踢右手亦與
肐膊一齊展開以助右腿之力

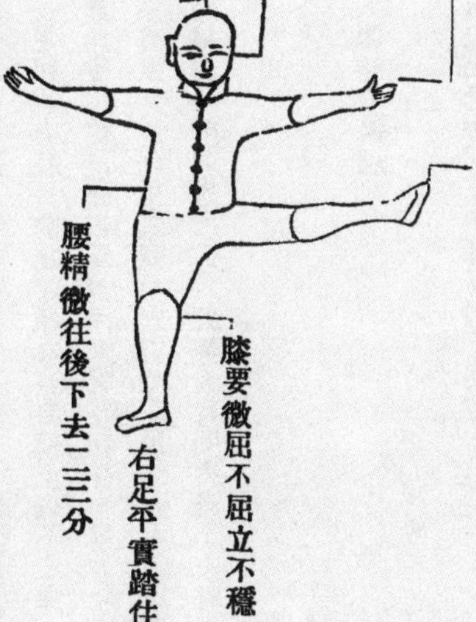

膝要微屈不屈立不穩

右足平實踏住地

腰精微往後下去二三分

頂精領好右手與左手用順轉纏絲精左手向西右手向東一齊展開腰精下去向東霸左足向

西踢胸要合住右脚踏好勿使不穩膝撐要開又要合住精右膝微屈

取象

上一勢有鼎顚趾旅卽次二意此勢左足踢起有壯於前趾之象有益之損上益下之象上體之力皆用左足上以左足踢人只知晉其角維用伐邑厲吉无咎而未慮及有吝也蓋大壯曰壯於趾征凶亦如上六羝羊觸藩不能退不能遂无攸利事雖艱終則吉我以足踢人人固以手捉我之足矣豈能退與遂哉艱莫甚矣然而終有一解之也故吉　此時大有明夷夷于左股之象惟有用拯馬壯吉馬壯下勢蹬一跟也

踢一脚五言俚語

左脚朝上踢局外皆不識兜臁只一下卽時命遂沒

七言俚語

眼前壁立巍天關劍閣中空谷口間若遇英雄初到此一脚踢倒萬重山

第三十二勢蹬一跟

此敵人左手圖勢欲以一隻手提起吾全身而以左手擊之或有因其右手得住吾脚即以左手共捋吾脚用力扭之以傷吾左股以逞一時剛强兩勢籌畫非不善而豈知身入死地自然別有生法

此圖吾以左脚踢敵敵以右手捋住吾脚欲扭轉吾脚令吾疼痛仆地或上提吾脚欲吾全身離地而後顛起打之吾即順勢倒轉兩手

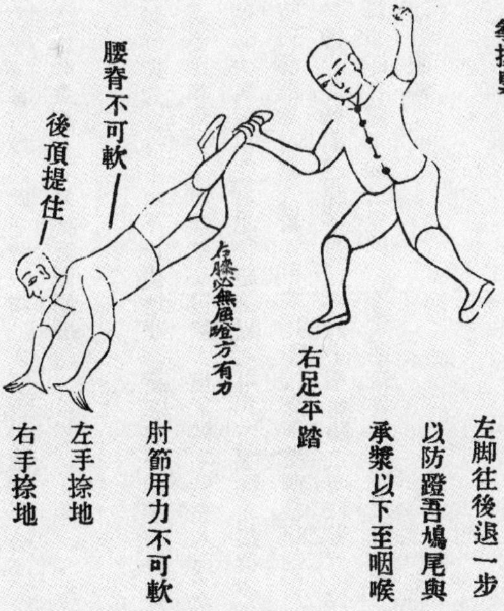
右拳手節執硬拳搦緊
人來蹬吾吾即以左脚往後退一步以防蹬吾鳩尾與承漿以下至咽喉

捺住地而以右足順住左腿逆行而上蹉敵人搦吾左脚之右手難卽解矣或又以敵人搦吾左脚吾卽以右脚蹬敵人右肘尖或蹬其手節皆可解之此是蹬一跟之大略至於臨時形勢不同不妨以吾之得勢蹬其要害處以解之臨時致用是在審機者因便應敵

內精

吾以左足踢人人或以右手搦住吾脚卽速將身涉下兩手捺住地頭雖朝下後項領起來身腰用兩膂之精肩之力俱用在手上自肩至手指骨節不可發軟一發軟不惟下體不能蹬人而上體亦將仆地矣圖何能解自臍以下精神力氣俱用在右足後蹬上難之解與不解險之出與不出全賴蹬此一脚蹬到要害處不惟可以解難亦可傷人蹬不到痛處不惟難不能解後之被害不知伊於胡底矣可不愼哉然愼之於蹬之之時則已晚不若愼之於上勢將踢之時視其可踢則踢之不可踢則不踢不可妄用其踢也卽有隙可乘踢貴神速不貴遲緩貴踢關緊穴俞不貴踢寬髀厚肉不着痛癢處此要訣也踢者須知

第三十二勢蹬一跟新式圖

此勢以前式爲難欲避難就易故又爲學者立一法以令其先學此而後再習彼亦俯而就之易於作爲恐其畏難之心勝而半途而廢耳踢一脚面朝西倒轉自西而北而東頭向東面向下左脚踢罷由西而北落到右脚之東卽以右脚往後蹬一跟蹬敵人之胸身卽速倒轉愈快愈好頂精領起來兩手用倒轉纏絲精合住精兩手捺住地亦可不捺地亦可脚不必倒往上蹬只用力向後蹬後卽西方眼看左右手心注右足上蹬一跟者用脚後跟蹬之脚指不如後跟有力故不言指而言踵然指亦非無用物特較踵而少輕耳全身精力必皆聚于右脚後跟而可不蹬則已蹬之必令敵人跌倒

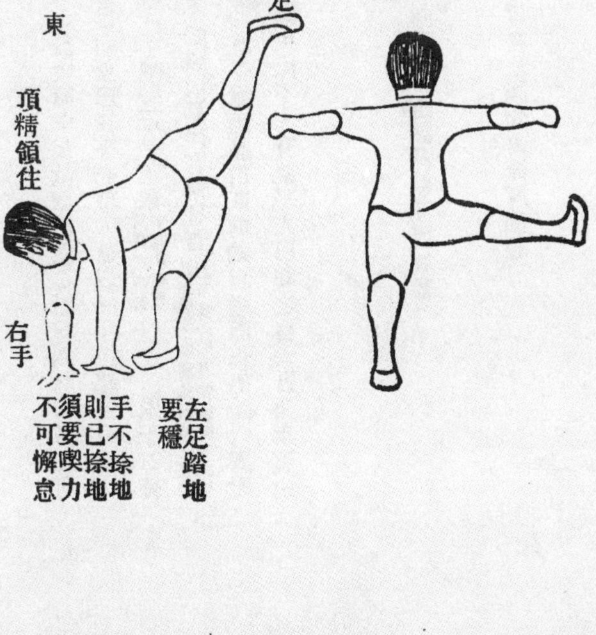

取象

我以左足踢人被人搦住左足是此身習(坎)入於坎窞中矣故取諸(坎)而有剝牀以膚切近之災故又取諸(剝)(泰)初爻曰拔茅茹(否)初爻曰拔茅茹敵人欲以一手提起吾身似拔茅連茹之象故又取諸(否)(泰)困之初爻曰入于幽谷三年不覿[言我之頭朝下無所見也]三爻曰困于石據于蒺藜[艮爲手爲石喻敵人手捋之緊如據蒺藜之中也]上六困于葛藟于臲卼曰動悔有悔征吉[足被纏束如葛藟欺危之甚動而有悔心一有悔征則吉不征則凶]故又取諸(困)儻非碩果[言右足也]不食安得祗[小渚也]既平樽酒簋缶貳納約自牖而謀出險得與脫輻之占迫一脚蹬後傾否已過大難既(解)楛楊生梯不大有慶乎人曰祐之自天吾謂事實由人苟得其道自占休(復)

蹬一跟七言俚語

左脚向西朝上踢兩手捺地似虎力倒懸身法向手[敵人手]蹬翻身演手照胸擊

其二

再將右足上蹬天順住左腿蹉無偏事到難時皆有法誰知身體解倒懸

第三十三勢第四演手捶

面向西身向正北

右手從後而上前進過臉前捋住拳用纏絲精外往裏纏纏到拳合住精前擊

眼看右拳

頂精領住

周身力氣俱聚于右拳尤須用其膀力　腰精下去

右足在後蹬好地足後跟力由腿逆行而上至脊第二十一節再由二十一節逆行上至膀由膀前至右拳以助拳力

當蹬一跟畢左腳先落地倒轉自東而南而西右足再向西開一步胸向正北左足再向西打演

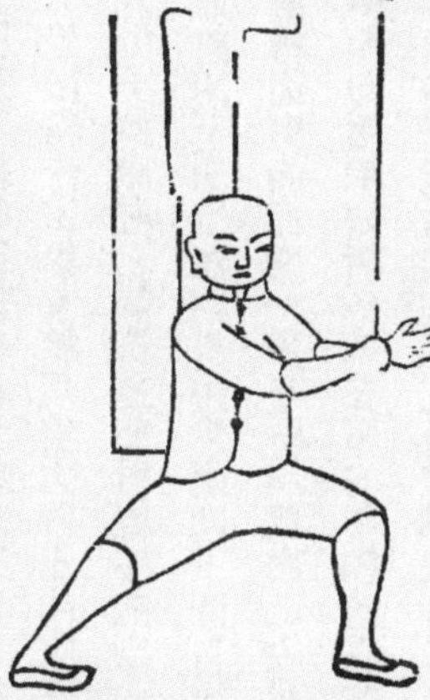

左足先落地開一步右足倒轉從後往西再開一步不動左足再向西開一大步不動

左足落地開一步

右足隨身倒轉往西再開一步不移動

手捶左手在西用合精以應右手左手用倒纏精向西手背朝上合住捶勢敵無敵如對敵拳落左手腕中打演手左右肐膊不必展開視敵之遠近如敵去吾遠不妨展開肐膊如敵去吾太遠不妨連步以進或一步或兩步或三步右手捋住拳伸開肐膊以勢之如此勢連三步是也如敵麗（附麗也）吾身過近正不妨屈肐膊手捋拳而以全身力氣努而勢之雖然亦視已之功夫如何力量如何出精如何如功夫力量出精皆宏暢有餘用努力勝于伸肱遠矣蓋此處一動彼卽跌于數武外矣不然則屈肘擊人仍不如伸肘之爲快蓋伸肘縱不能跌人而先無制肘之患頂精腰精眼神膽精該領該合皆如前法至于步法倒身蹬畢面向下者自東倒轉而南而西左足先落地扭後跟自東而南右足倒轉從南向西開一步是時胸已向北左足再往西開一步是左右足連三步矣左足未落穩右拳卽向西擊如無敵人在西右拳卽落在左肩左脅之外去肩與脅六七寸許亦可空要拳擊原無定格至近右拳落在左脅前拳去左乳僅五六寸亦無不可平居要拳不可不守成規亦不可拘泥成規是在學者能善用其內精至于形迹或爲地勢所限隨其地擊斟酌運用可也當高探時立而擊人至遇勁敵或南面手搆不著（下平聲）插以右脚或北面插以左脚或回頭向東演手或倒回頭向西二起或向西踼以左脚或倒轉用大轉身蹬以右足上有

噬嗑何荷也校滅趾之凶下有大過過涉滅頂噬嗑滅耳頤之顛頤諸象反覆其道不知何時始能出重險利涉大川而得中行獨復乎今則七日來復矣履道坦坦其誰不用武人之征演之以手報怨也孔子曰以直報怨未爲過也

內精

中氣由丹田上行到肩從肩而下向外由外斜纏以至于拳背第三節下邊力由後踵起逆行順脊以至右拳須用肩膊力合住精打之左手也是倒纏至手手微搵住腕向東頂精膽精如前左膝屈住與右膝相合脚平穩踏地右足在後如蹬物以助右拳之力右膝不可軟與左膝合住精

右拳圖

肘節背面

左手圖

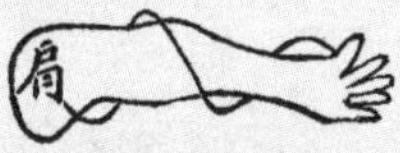

肘彎朝裏

右足在後

左足在前

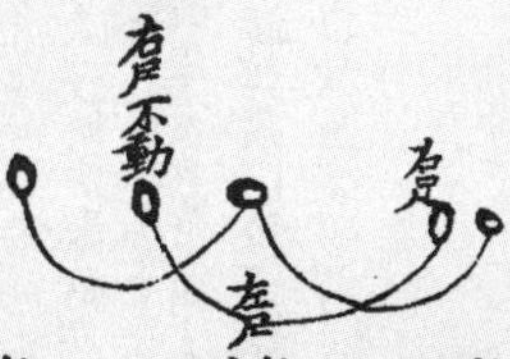
左足先落地即以左足向西開步左足後跟扭轉用倒轉精
右足亦用倒轉精再向西開步
在西仍用倒轉精再向西開一大步
左足落到大西亦不動

取象

上五勢誠有習坎重險之象三爻曰來之坎坎險且枕入于坎窞雖欲勿用不得也故取諸坎然天下事雖曰无平不陂亦无往不復（无平不陂上五勢也蓋本乎天者親上而反親下言頭也本乎地者親下而反親上言足也无往不復者親上親下各復其本然之位也）否極泰來故再取否泰時既泰矣故晉如摧如獨行其正故取諸晉彖曰晉進也柔進而上行（言右足大踵之力亦上行助右拳力）上九晉其角維用伐邑厲吉（以厲爲吉）誰謂密雲不雨自我西郊乎苟復自道則以既雨既處矣何咎故又取小畜

第四演手捶七言俚語

第四演手面向西入險出險報人欺右拳須用膀上力一擊人都亂馬蹄

其二

左足落地最爲先右足轉落左足前（言倒轉向西進一步）再將左足進一步試看神力飽空拳

第三十四勢小擒拿

眼看住敵人之胸而以右手推之

打拳全是頂精頂精領好全身精神爲之一振

耳須聽住背後

膀力須用在右手上

自後頂以至髀骨須要靈動心雖在面前禦敵却又要留心背後恐又有敵人從後攻其不虞也

左足因前面去吾稍遠擊之無故向前進一步擊之然欲進左足必先進其右足以左足進步已大不能再進故先進右足而後左足繼之再往前進一步前卽西方

精撑圓不圓則周身無力且左右轘轉不靈故爾

右足接住上勢地位向前先開四五寸停住

腰精要下好腰無力則周身無力

敵人以手擊我我以左手用順轉精引開敵人之手而後以右手向敵人鳩尾穴推之須用掌力掌上有力方能推倒人

前之演手或未擊到敵人痛處復與我敵或已擊倒而又復起反來相鬥或此人已跌倒又有一

敵前來相敵要皆去吾身稍遠不能相接交手則必下邊左右脚進步身與敵近而後以左手撥開敵人之手而以右手掌用力推打敵人胸前皆列陣大戰此則敵稍敗而復來故上遮下打擒而取之不必用大身法曰小言身法小也

內精

我以左手撥敵人之手須用順轉精或上提引之或自北向南撥開左右是一齊前去左手在上右手在下用倒轉精自南而北而後向前擊之此肘下偸擒法

左手用引精引開敵人之手須用纏絲精引之令其脚立不穩

右手掌前推圖

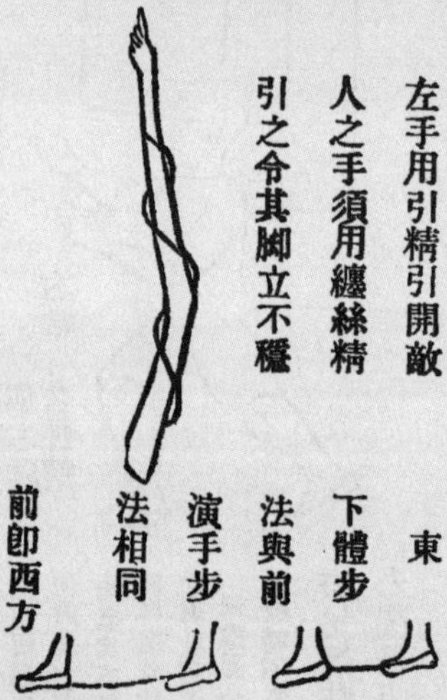
右足原位
右足先向前開步
左足原位
左足隨住右足開步卽速向前

取象

此勢如馬武捕虜几爲周建蘇茂所敗（言前數勢也）及王霸不救武倍力相戰反敗爲功（言上演手撞）既得勝矣而又趕盡殺絕如蒼頭子密殺彭寵以降小擒打如楚項羽打章邯九戰九勝又如鴻溝畫界之後漢王必欲將項羽逼死烏江而後已又如晉卦之晉如摧如（摧以手推倒敵人）獨行正也之象故取諸晉又如二爻之晉如愁如（愁小心形于外者也）貞吉（以中氣行之正而固也）受茲介福（言得勝奏凱而歸）於其王母（王母居西方瑤池一連數勢俱往西打此則西而又西）亦有上九晉其角（喻右掌也）維用伐邑厲（厲是厲害勇也）吉无咎又如明夷之而狩必得其大首而後已又如盤庚所言乃有不吉不迪顚越不恭暫遇姦宄我乃劓殄滅之無俾易（遺也）種于茲新邑（言除惡務本）之象家人上九有孚威如終吉雖見惡人往者雖蹇來自碩也故又取家人上九睽初九蹇上六諸象

小擒拿六言俚語

上勢演手最紅況兼以奇決勝（奇計也上遮下打偷打人也故曰奇）心手眼足一氣敵被我擒預定

七言俚語

後脚跟隨左足前（前前行也）左足抬起再往前左手提起似遮架右手一掌直攻堅

其二

攌肚一掌苦連天儉從左手肘下穿（穿過去）神仙自是防不住何况中峯盡浩然（浩然中氣也）

五言俚語

西方庚辛金萬物結果期（言萬物到秋天時皆有結果）寗有小擒拿到此不稱奇（言亦有結果也）

七言俚語

一陣東攻（言諸勢皆在此勢之西）一陣西（言演手捶在西）西而又西（言本勢小擒拿）奇寓正至此始知太極捶（言前數勢皆爲小擒打設勢至小擒打乃太極拳一小結果時也　實中有虛虛中有實太極自然之妙用至結果之時始悟其理之精妙）

第三十五勢抱頭推山

上既有咸其輔頰舌則咸其耳咸其目咸其頭（頭亦能觸）咸其肩咸其肘皆在其中左手掌與五指俱用精前推　兩肘要攔精亦猶左足之咸其拇也　兩肩用力

項精領好

眼看右手

咸其輔頰舌（輔口輔腮內肉頰嘴頰舌口內舌也）

右手掌用精亦猶右足之咸其腓也

咸其脢（脢背內在心上而相背不能感物而无私係）

腿彎直硬一絲不可軟

咸其拇（足大指也）

後足蹬好

膛撐圓

咸其腓（足肚也）

前膝撐好　咸其股膝可知矣

心為一身之主後既咸其脢前之咸其心者可知

我方面向西擒人彼週圍之同黨敵我者忽然有人從背後來擊我我恐擊我頭顱即時扭過臉

來而以我之左右手分開敵人左右手以兩手推敵人之胸使敵之兩手不得入內而擊我勢如手推山岳欲令傾倒右大腿展開者忽然屈住左大腿屈者忽然展開左足用力蹬住地頂精領好腰精下好腦精撐圓足底用力踏地膀力用到掌上周身力氣俱注於左右手掌上推時力貴神速縱不能推倒亦可令其後退數武

內精

兩肱兩股皆用纏絲精外往裏纏取其併力相合以攻也敵越近推之越宜速蓋遠則推之易近則推之難進如疾風吹人電光猛閃愈速愈好左右手先自上下行從兩大腿分開上行外往裏合入到敵人兩肱內塌住敵胸力推之如與敵身相去僅有數寸手不速推不倒且致敵令生巧計故貴神速

左手倒精纏法圖

右手倒精纏法圖

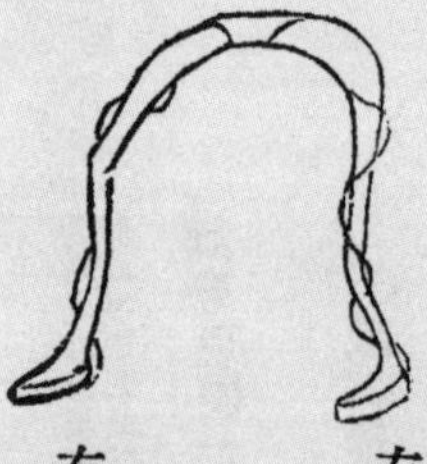

左腿倒精纏法圖

右腿倒精纏法圖

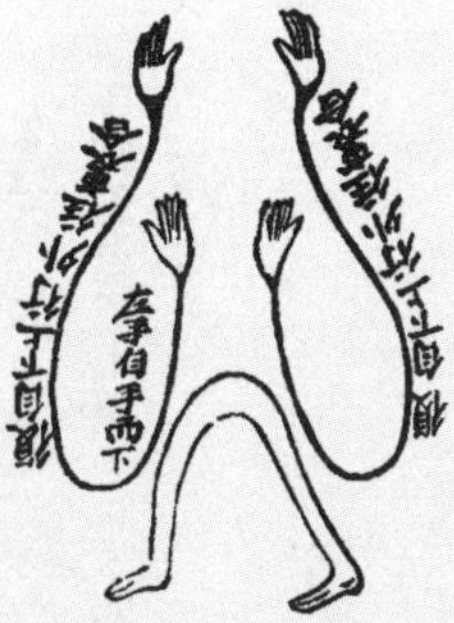

右足　右足開步圖

上勢左足向西在前此勢身已轉向東方則左足在前者反爲後足左足不必離本位但一扭轉脚後跟而已

扭過來向之右足在後者今則反爲前足卽從在東之原位再往東開一步因各人脚步之大小而開之必須令足得勢用上力氣爲止開步遠不過一尺

取象

上勢我本面向西擒人忽然有人從東面來意欲出我不意以攻我是從背後先感我也我卽翻然轉過身來面向正東以兩手推人是我感乎人也兩面相感如易之少男少女兩相感觸也故取諸咸咸感也人來感我不肯輕放過我我之感人豈肯輕放過人既不肯輕放勢必至用全身力如欲推倒山岳之勢以推之故咸拇咸腓咸股咸脢宜也而且五官百骸無不與之而俱感恐

兩手之力小不能推倒人不若全體之力大可以摧翻敵也彖曰二氣感應以相與（言男女也）是以亨利貞在拳是我以天地之正氣感人先不通先不利以正而固所以動而不失其常時雖倉猝處之泰然是宜推則推非有意於推而自不失不推之患也然頭不至重故以手左右抱裹而推之

抱頭推山七言俚語

方丈蓬萊瀛洲山此中定有好神仙（喻敵人也）余今且效奇男子雙手推入巨濤間

其二

推山何必上抱頭懼有劈項據上游轉身抱首往前進推倒蓬瀛蓋九州

其三

兩手托胸似推山恨不一下即摧翻此身有力須合併更得留心脊背間（叫起下勢單鞭意）

第三十六勢第四個單鞭

引蒙

抱頭推山纔將東面敵人推倒忽然又有人從西面擊來吾即以東面兩手用外往裏纏精一合然後用裏往外纏精向西劈去左肐膊展開

節解

左手
胸要虛虛含住精
左膝屈住
左足收到右足邊用倒纏精與右足一合然後用順纏精向西開步
右足在東不離本位但用後跟一轉移指向西北
右腿彎不可軟
眼看住左手中指
頂精領住
左右肩鬆下切勿上架
右肐膊用倒纏絲精自肩腋下由外向裏
纏到指頭五指束住精與左手相合
腰精下去
身往前合脊骨上通頂精要直

部位前法已言心要虛心虛則四體皆虛丹田與腰精足底要實三處一實則四體之虛者皆實此之謂虛而實項精領好則全體精神皆振右肐膊合則用倒纏精伸則用順纏精右肐膊合與神皆用倒纏精兩腿合則皆用倒纏精自足纏到大腿彎開步右足不動左足向西開步用順纏精自足裏往外纏亦纏到大腿彎足指足腓皆用力

此是順纏法圖

此是倒纏法圖

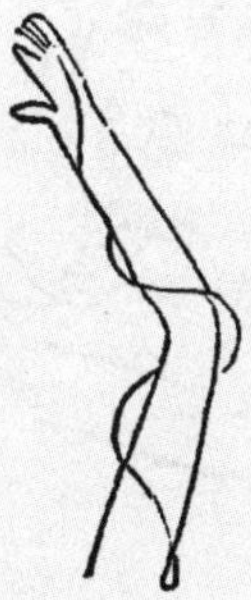

此是倒纏精圖須分清

此是順纏精圖

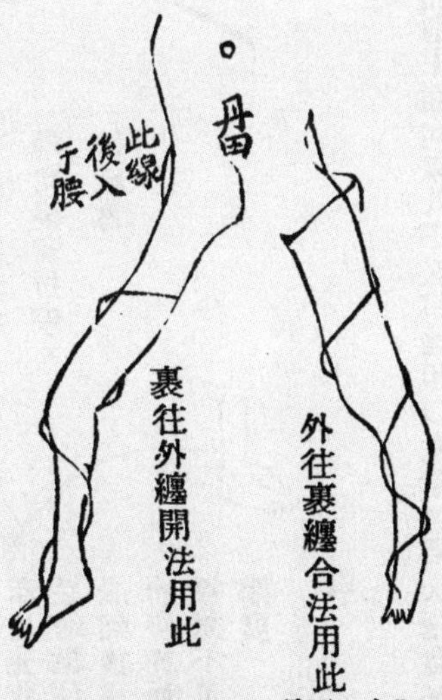

此是點足法自足小指起過脚面纏一圈至內踝骨上行外膝斜纏而上至丹田止

自足大拇起過脚面到外踝越小腿肚斜纏而上至大腿根上至後腰止

此是左手用順轉精舒展開

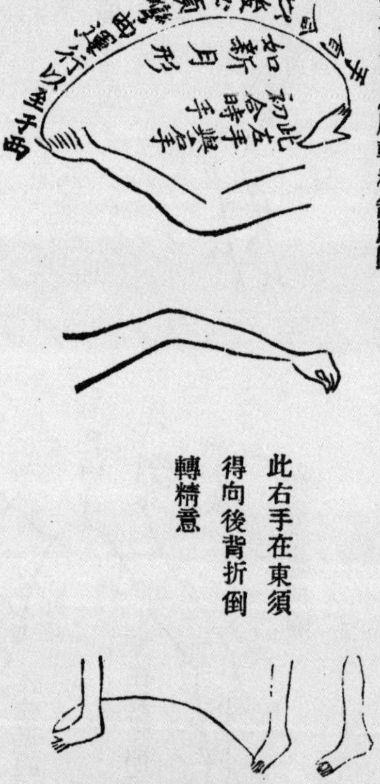

此右手在東須得向後背折倒轉精意

右足不離本位

左足先收到右足邊點住足合罷然後再向西開步亦如初月彎意不可直率開展

西

取象

上勢面向東說是面向東胸向正北面則半面向東此不必再論但以此拳名爲太極自始至終皆以易取象故此勢仍以易之取象與拳之相合者而取之易上經始于乾坤終于坎離蓋乾坤以中氣（即中畫之氣）相交故再索而得坎離故以坎離終上經太極拳至第四個單鞭已三十有四勢

故亦可以坎離作一結束然氣機未嘗停止不過借坎離以暫結束此段耳暫以離卦言離中虛上一陽畫象左右肱下一陽畫象左右腿中之陰畫象心離明也上離下離繼相照也心之虛明如日月繼續相照無時不明且心一空虛則全體皆虛惟虛則靈靈足以應敵故取諸離以坎卦言左右肱之在兩旁者象坎上畫之陰左右足之分開而立象坎下畫之陰中氣貫于心腎之中上通頭頂下達會陰如坎之中間一陽畫蓋人惟實理實氣（實理卽至誠實氣卽化機流行）充實于內而後開合擒縱自無窒礙故取諸坎合而言之初拉單鞭留心運行皆以中氣坎也方拉單鞭時一以虛靈之心無所不照是坎之錯離也至單鞭勢既成心平氣和中氣歸於丹田是離又錯於坎坎離相合復歸乾坤二卦復歸太極陰陽之元氣心屬火腎屬水卽易之坎離故心腎一交仍歸乾坤而吾身太極之元氣（元氣卽陰陽五行之氣）復矣乾剛坤柔陰陽並用不偏不倚無過不及坎離得中斯藝乃成坎離固有坎離之正位而第以坎離視坎離是未知坎離之所由來也且未知坎爲中男離爲中女中男中女亦乾坤中之一小乾坤也吾身中備陰陽之理氣其在天地間不自具乾坤之正氣乎既具乾坤之正氣是吾身亦自有太極之元氣也以吾身本有之元氣運於吾身其屈伸往來收放擒縱不過一開一合與一虛一實焉已耳故此勢謂之爲坎離可謂之爲乾坤（推其原也）亦可卽謂

之爲太極亦無不可且自有仍歸於無言之卽謂之無極亦無不可只要理能推活皆可借之以命名但單鞭象近坎離故卽以坎離明單鞭此單鞭之所以卦取坎離也

第四單鞭

第四單鞭象坎離開拉無事不爲奇抱頭方向東邊擊轉向西方擊更宜

其二

雙手抱頭向東推又有敵人自西追回頭諸勢來不及惟用單鞭最相宜

其三

左足從容向西方抱頭東推力倍强庚辛（西方也）從後來相擊轉（卽回頭也）用單（用我用也）鞭一命亡

其四

忽然左耳聽西方若有人兮稱剛强豈知太極元氣轉爲用全鞭孰敢當

其五

聲東擊西計最良此是平居善用方誰知實向東推舉轉臉西擊一字長（一字言我單鞭如一字長蛇陣）

陳氏太極拳圖說

卷二

褚民誼題

太极图说卷二目录

第十三势　庇身捶[1]前半势图

此图是由金刚捣碓精行即足后[2]，先将右足开一大步，约尺四五寸，然后将右肩狠往下下[3]，右肩从右膝盖下过去，方为合式[4]。此所谓七寸靠，甚难甚难，今则未有能者，即此图亦是[5]。右肩已从膝下过去，泛起来势[6]，非肩正过膝时势。至于手，或有先以右手搂膝，从东面转一大圈，掬捶落在额旁，再以左手搂左膝倒转一大圈，手落在腰，插住腰，此是一格[7]。又有右手、左手一齐分下，右手向前，左手向后，两手之落与上所言同。此又是一格，此图从后格[8]。

按：第十三势庇身捶其实包含几种变化，陈鑫仅用了两个拳势，一是“护身捶”，从护身、防身上讲（也可用掌）；二是“七寸靠”，从技击上讲，尚有多种变化，如他又讲到此势用“背折靠”势等，“无定有定，在人自用”。

注释

① 第十三势庇身捶：在《图说》"十三势分节"时注为"披身捶"。庇，音bì，遮挡，庇护；"以捶护卫其身"。披身捶，披，音pī，裂开，分开，拨开。"以两手从中间分披下"。撇身捶，撇，音piē，丢开，撇开，河南方言意为折(zhè)断，撇断；从中间折断开。三种捶法因其"用"不同，故其"势"略异。

第十三势庇身捶中，包含三种拳势（变格、变化）：①"七寸靠"，即庇身捶前半势；②披身捶（一名撇身捶）；③背折靠，此为"庇身捶后势"，即披身捶末尾与第十四势指裆捶之间的过渡势。

② 即足后：即，到；足，满足，完满。

③ 往下下：（常用俚语）第一个"下"为指向，往下面；第二个"下"为动词。常用于俚语。

④ 合式：合适，符合一定的规格、程式。明·谢肇淛（浙）《五杂组力·人部一》："余在福宁，见戎幕选力士，以五百斤石提而绕辕门三匝者为合式。"此指符合拳理、拳法的"定势"。

⑤ 即此图亦是：即此图示也。

⑥ 泛起来势：此处"泛"通"覂（fèng）"，意"翻"（覂架，翻车）。泛起来势，从下向上翻转起。

⑦ 此是一格：此是一个"格式"。

⑧ 后格：后面的一个"格式"。

此图是庇身捶前半势运行身法，势不可停留气机，因有七寸靠打法，故图以示人。

上半身在下，顶精中气愈不可失，裆与腰下去，脚要用力踏地，固其根基。身法越近下[1]越好，右肩几欲[2]依着地面，只有七寸高。如敌人在前面捺[3]住吾头，将右足入在敌人裆里面，右肩依着敌人小腹，用肩力往上一挑去声，敌即飞起跌下。

注释

① 近下：贴近，接近；接近下面。

② 几欲：几乎想要，几乎要。

③ 捺："按"之意。俚语俚韵。用"捺"字比用"按"内涵更为深透。

节解[1]

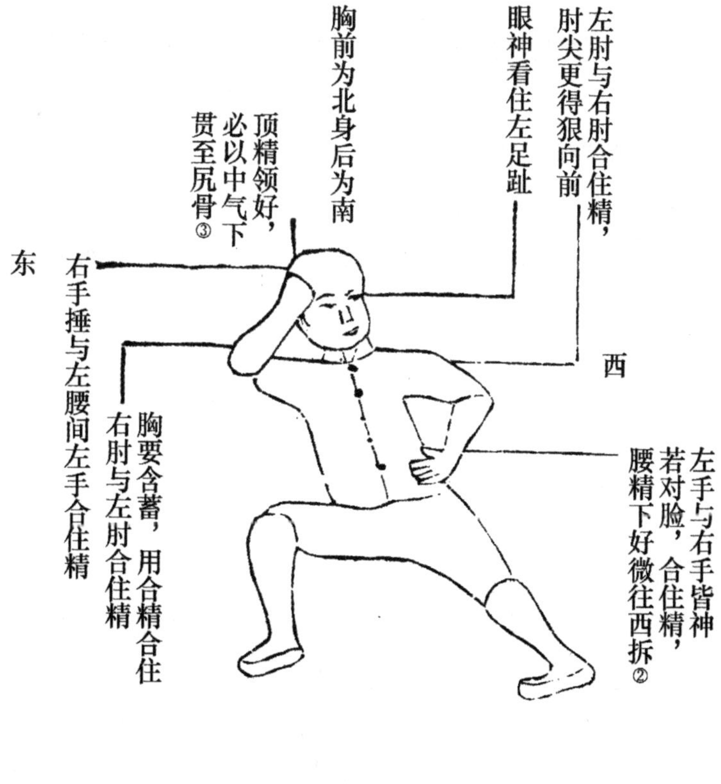

庇身捶乃回顾之法，身在西，眼在东，头在上，眼在下。

引 蒙

前半势已言之矣，不必再赘，此是身法。身往东斜，腰向西折，前面易照顾，肩臂亦不必说。肩臂以下全凭心之灵明顾之。左足与右足合住指，亦向东北蹬紧。裆愈要圆而虚灵，以备转关敏捷。膝以下皆死煞[4]，故全凭腰与裆转动。右足与左足合住，指向东北平实踏好。右膝与左膝合住撑好。打拳以北为上，故始终以北为主，此图面向北。

注 释

① 节解：陈鑫解释：周身关节，节节而解之，其实还包含着“手眼身法步”的描述。

② 折：应为“折”，笔误。俚语读shé。

③ 尻骨：尾骶骨，骶骨与尾骨合称，此处指尾骨。

④ 死煞：煞，音shā，同“刹”，收住，止住。意为死死煞住。

庇身捶内精图

此是正庇身捶成式图

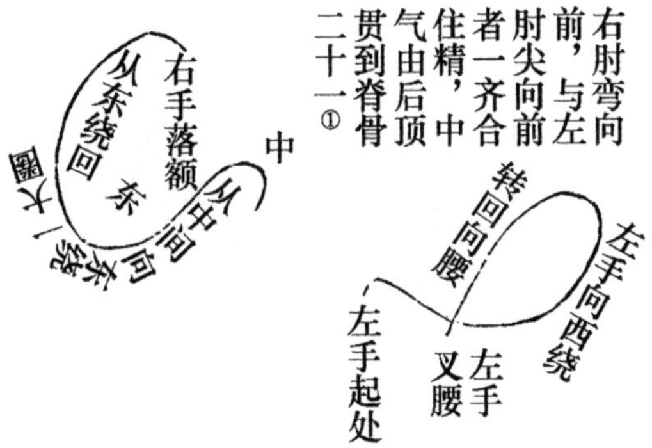

注 释

① 脊骨二十一：人的脊骨共有二十四节，脊骨二十一节（除项骨三节）自大椎至尾上七节、中七节、下七节。此处指人的脊梁骨（俗称），也称脊骨、膂骨、中骨。首载于《灵枢·骨度》。

内精图

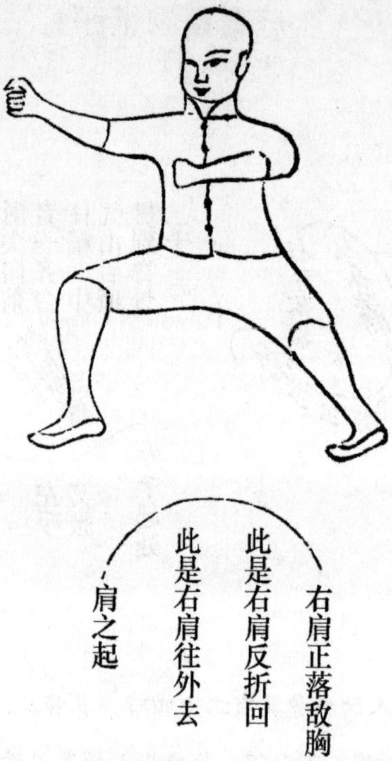

此图名为背折靠，庇身捶后势以足[1]庇身捶余意，非另外一势也。须用周身力反折，用肩打，非第[2]肩力，而肩其聚精地也。

用法：如敌人以两手搂吾胳膊，引近彼身，势几前倾，吾肩膊正近敌胸，吾肩向外反折，回击之。有此一法，故不惮[3]。再以图以发其蕴。

注释

① 足：满、全、完整。

② 第：音 dì，但。

③ 惮：音 dān，怕，畏惧，忌惮。

十三势[1] 庇身捶（一名披身捶）

何谓庇身捶？以捶护其身。何谓披身捶？以两手从中间平分披下，又名撇身锤撇，上声，折也。何言乎尔？以回折其身名之。此势上承金刚捣碓，以右手领右脚，手向下行，右脚向东开一大步，身即随步涉下泛起来[2]，身撇住即折腰之谓，头回视左脚指、右乳，向前向后各一半。身微弯，身虽斜而中气要直。右脚尖向东北，右膝里合，左脚钩住指，向东北，眼注于此。

身法：当右足开步，右肩向下，腰得弯且弯，能弯尽管弯。肩纵不能至膝下，即与膝平亦可，不能去地[3]七寸，不必拘滞[4]。

手法：右脚开步时，右手即由上而下转向东，微向后二三分，倒转绕到前头，捋捶落额上，以卫其首。手背朝上，左手亦自上而下，向后倒转一大圈，向前岔住腰无胁肢[5]处，二、三、四、五四指岔[6]腰前，大指在腰后依住腰，以助腰力。屈住肘，肘尖向前与右肘弯合住精，右手与左手合，右肘与左肘合，项往后扭，头往上提，胸含住，腿根不可挟[7]，裆要开圆。膝与膝合，足与足合，周身一齐合到一块儿，神气不散，方能一气流通，卫护周身。

庇身捶是敌在身后制我，我以肩臂胳膊背敌，依我何处，即以何处反折击之。又有人从东方来，将近吾身，身即住后稍退少许，右肩转过精来，右胳膊屈住，右手捋捶向敌人小腹上猛伸胳膊，以捶击之。此庇身捶，以捶卫身，以捶击人，又一格也。

注 释

① 十三势：此为第十三势下半势。

② 涉下泛起来：涉下，从上往下。泛，意“翻”。泛起，从下向上翻起来。

③ 去地：距离地面。

④ 拘滞：拘泥呆板。明·王世贞《艺苑·言》卷三：“本文之拘滞，正与古体相反，唯近律差有关耳。”

⑤ 胁肢：胁与臂之间的位置，指肋骨下髋骨上。

⑥ 盆：“岔”之误，即叉腰。下同，不另注。

⑦ 腿根不可挟：挟，音 xié，用胳膊夹着，故曰“夹”。腿根不能夹住。

庇身捶后演手捶七言俚语

右肩往后退几分，转过精来又一捶。

此捶专向小腹打，一击中的便伤人。

庇身捶七言俚语歌

庇身捶势最难传，两足舒开三尺宽。

两手分开皆倒转，两腿合精尽斜缠。

右拳落在神庭[①]上上星穴[②]下，在囟门[③]下，左拳岔去声住左腰间。

身似侧卧微嫌扭，眼神戏定左足尖。

顶精领起斜寓正，裆间撑膝撑开合精合住半月圆似月半弯之势，

右肩下打下，往下下七寸靠，背折一靠更无偏。

右手撤回又一捶，此为太极变中拳。

身背面为阳，胸腹为阴，左右手用倒转精，是由阳而合于阴也。至于用臂折精击人，是右转精，由阴转阳而以阳精击人。庇身捶势既成，合住精，静也；用臂反折回，动也，是由静而之动。总之，由肩而下，右手倒转圈，身亦随之倒转，背折靠；右手顺转圈，身亦随之顺转，是为上下一气。背折靠，右手是顺转圈，左手是由后自下而上至前，是倒转精，不如此，不能与右手一顺运行。此必然之势，亦理之自然该如此，不然，则两手反背不能相助，气亦不顺故也。至于肩臂后缩，以捶击人，以手背捋捶腕，往下合打人，由阳而合于阴阳精也。未缩肩之前，静也；至捶往东面向下击小腹，动也。是亦由静而之动，既动之后，静复生也，动静循环，岂有间哉！吾所谓一动一静，一开一合，足尽拳中之妙，非心有权度，未易立于不败之地，因敌所来而应，皆取胜。

取　象

此势右手在上，左手在腰，右肘尖向东，左肘尖向北，右足在

东，左足在西，气海[4]向北，华盖[5]扭向西北，眼在上，视却在下，天庭[6]向西，足指皆向东北，上下皆有相离之势，故取诸离卦。体外强，中虚有，手足皆劲，而心体虚明，能照全体之象。九二：黄离，元吉。《象》曰："黄离元吉[7]，得中道也。"拳能明乎中正之理，奚[8]往不宜？上九：王用出征，折首，获匪其丑，无咎背折靠，即出征之象也。

注 释

① 神庭：属督脉穴位，在头部，当前发际正中直上0.5寸，在左右额肌交界处。

② 上星穴：属督脉，于人头部，当前发际正中直上1寸。

③ 囟门：属督脉，位于百会穴前三寸正中。

④ 气海：属任脉，位于人体下腹部，直线连结肚脐与耻骨上方，将其分为十等份，在肚脐3/10的位置。

⑤ 华盖：在胸部，当前正中线上，平第一肋间。

⑥ 天庭：额头的代称。

⑦ 黄离元吉：黄，中正之道。离，附丽。如能附着黄色，就可获得吉祥。

⑧ 奚：溪，音xī，文言疑问词，哪里，什么，此为"何"。

按：此势取象为离卦☲，离上离下，体强中虚，收明，护卫全体。

第十四势　披身捶末尾向下打指裆捶图

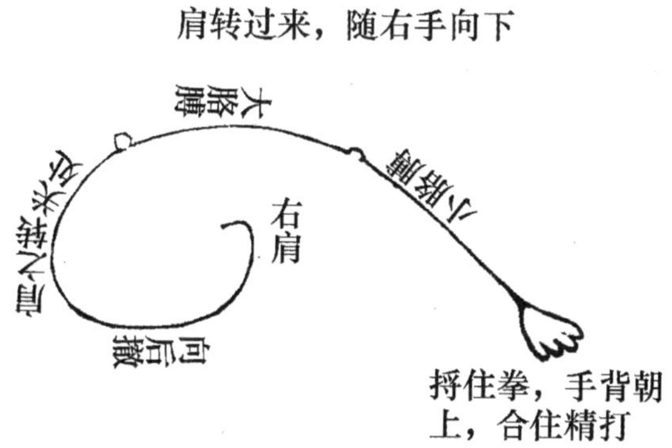

讲义[①]上已详明，但未绘其形像，故绘图，令人一阅便明。

按：此势亦名“青龙出水”“金丝缠杆”，意即拳似“龙头”缠绕出水。

注释

① 讲义：指第十三势中下半势“庇身捶”引蒙讲义，但此处描述较为简赅，故特摘录陈鑫《太极拳图画讲义》一书中“指裆捶势”引蒙，使读者能够深度理解此势精义，摘文为：“背折靠末尾向下指裆捶，亦称下演手捶。”“此势为右肩周身之枢机也。右肩本是逆转，而右半身随之而逆转。至于左半身则皆顺转，惟左顺转方能随半身之逆转。”

“何谓下演手捶？用拳向下直捣其要害之地，故名。此势先将右肩往后撤回，不如此则捶肘转向前者无力气，故必先撤回右肩，然后再往前去。当然，肩膊将往后撤之时，右拳离去上星（穴），从下向后，往前用缠丝精绕一圈，攻击方为合法。上势用开精，反背精。反（背）精最不得势。能以不得势者令其得势，则顺而合者无不得势矣，此势用合精，是倒缠丝法。”

第十五势　肘底看拳

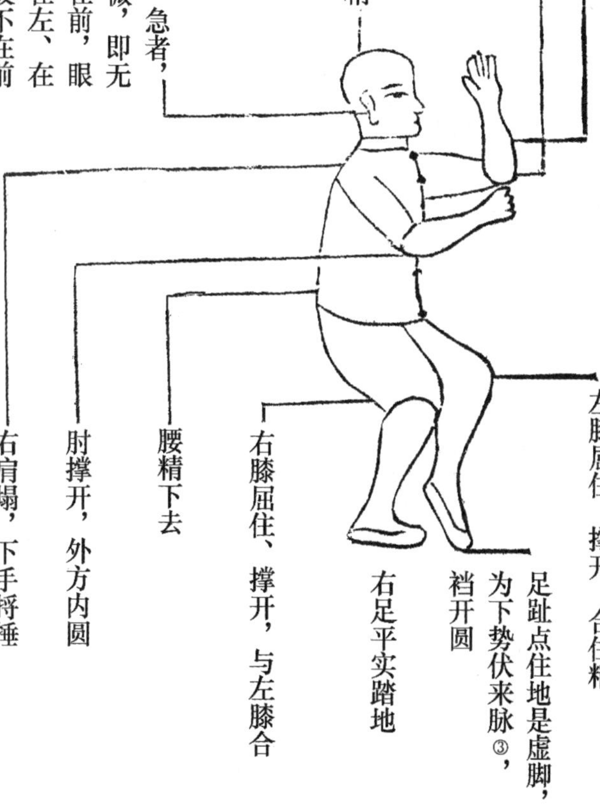

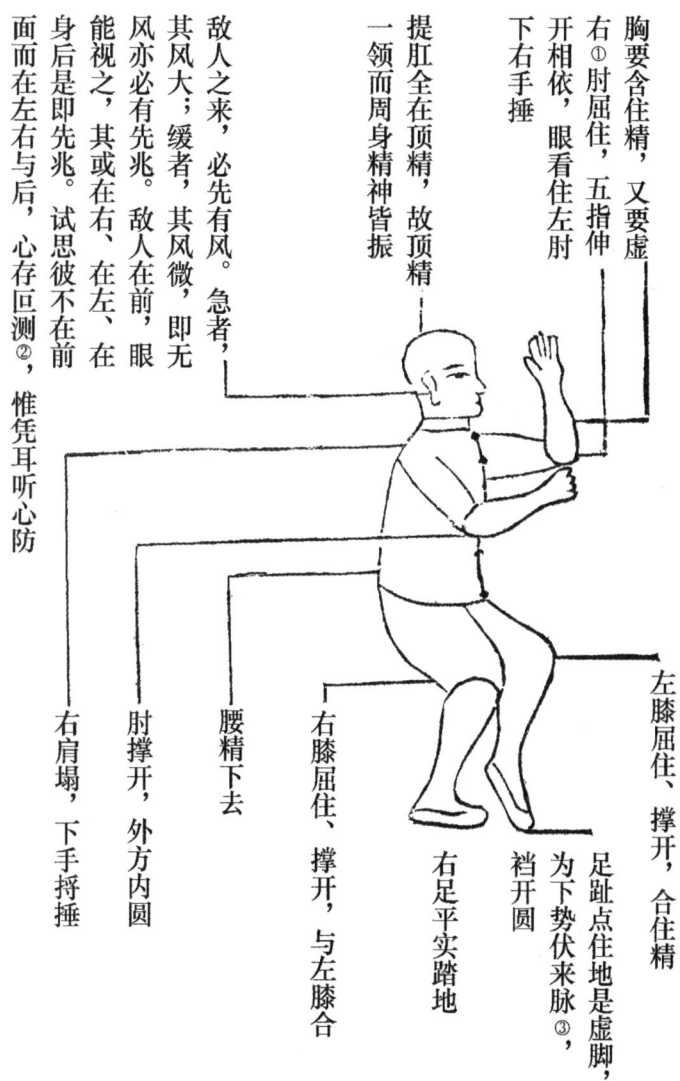

胸要含住精，又要虚
右[1]肘屈住，五指伸开相依，眼看住左肘下右手捶
提肛全在顶精，故顶精一领而周身精神皆振
敌人之来，必先有风。急者，其风大；缓者，其风微，即无风亦必有先兆。敌人在前，眼能视之，其或在右、在左、在身后是即先兆。试思彼不在前面而在左右与后，心存叵测[2]，惟凭耳听心防
左膝屈住、撑开，合住精
足趾点住地是虚脚，为下势伏来脉[3]，
梢开圆
右足平实踏地
右膝屈住、撑开，与左膝合
腰精下去
肘撑开，外方内圆
右肩塌，下手捋捶

按：左手遮挡掩护，右手缠绕从下击出，此势从演手肱捶演变，外弱内强。

注 释

① 右：应为“左”，笔误。

② 叵测：不可推测。

③ 来脉：来龙去脉。原意指山似一条龙，头尾像血脉似的连贯着，可以清楚地看出它从哪儿来，向哪儿去。现指一件事情前后关联都有线索可寻。此讲“精、劲”的来路。“上招势从哪来，下招势往何处去”。

肘底看拳老式

此是手从东方收回，沿路所走之形。

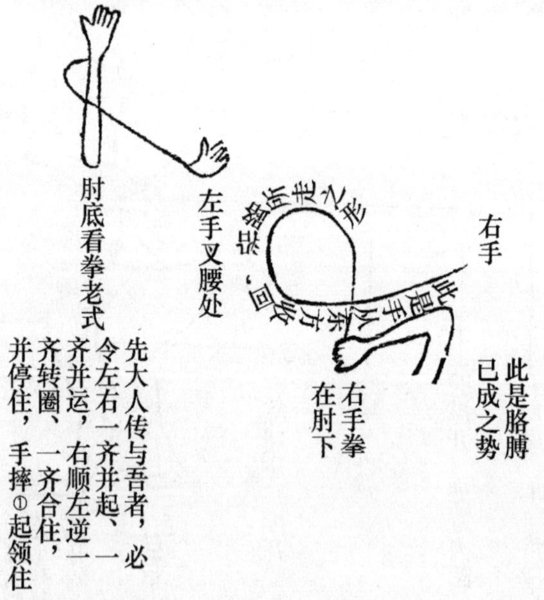
肘底看拳老式
左手叉腰处
右手
此是手从东方收回、沿路所走之形
右手拳在肘下
此是胳膊已成之势
先大人传与吾者，必令左右一齐并起、一齐并运，右顺左逆一齐转圈、一齐合住，并停住，手摔①起领住

注 释

① 摔：通“甩”，甩动，挥开，甩开胳膊。（俚语）

新式内精图

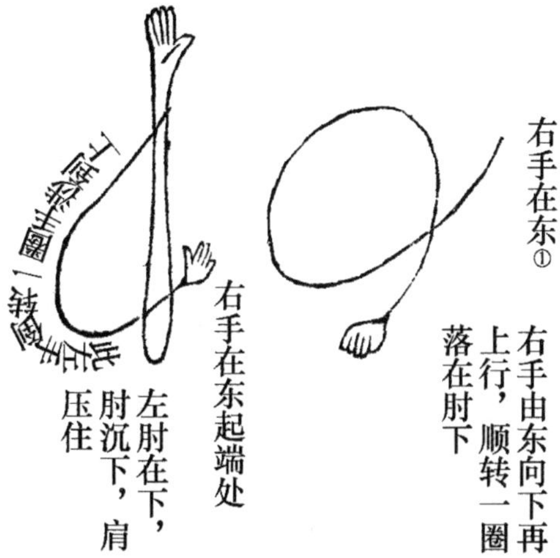

注 释

① 右手在东：应为“左手在东”。

何谓肘底看拳？以右手捋拳落于左肘之下，故名。先以右足指向东北者，用脚后跟，不离地，一拧转，使足指向西，微偏北一二分，平实踏地。左手自上斜下，先自北向南，再自南转回北，倒转一圈。胳膊屈住，手展开指，相依朝上，肘在下。左足从西收回，收到右足边，去右足五六寸，左膝屈住，膝盖与肘尖上下相照，膝向外开，精往里合，脚趾点住地，先为下倒卷肱伏其来脉。右手自南向北顺转一圈，仍归至南。捋住拳落左肘下，眼看住拳，右膝屈住，膝往外开，精往里合，诀在大腿跟①撑圆，大腿内股上边往里合。如此不惟合住精，裆亦圆，顶精领住，脑微偏西北，囟门[2]微向下一二分，胸合住，迹似停气却不停，必待内精徐徐运到，十分充足。下势之机跃跃欲动，方能上势与下势打通，中无隔阂，一气流行。不但一势如是，拳自始至终每势之末皆如是。

肘底看拳，左手为阳，右手为阴，手背为阳，右腕为阴，人人共知，何用多赘！但左手自下而上倒转，由向外而内绕，是由动之静也，非徒[3]绕圈，由动之静已也。右手由东收在上，顺转一圈涉下去，拳落在肘之下，亦是由动之静，亦非空绕一圈，由动之静已也。盖左手倒转，其精由指肚发起，向下而外斜缠、转回，不论圈数。斜缠到腋，即由腋外往里斜缠，亦不论圈数，缠到左指肚止，如此方能与右手合精。右手顺转，其精由指甲向下至里，由里向外斜缠至右腋，即由腋转回，由内而上、而外至下，斜缠至指甲止，与左手合住精。欲合住精，须用缠法，不用缠法外形似合住，其实内精未曾合住。故吾谓不徒手转圈，实心气之在左右手中运动缠绕，无一间停止。至所谓静者，在拳中不过较于动气息稍静耳，非停止之谓，天地阴阳岂有停止时哉？如夏至一阴生，阴，静也。至阴生之后，何尝有一时不长哉！又如人之坐卧寝寐，身之静时也，而一呼一吸何尝或间[4]？功至此，规矩粗有可观，特未活耳。再能进进不已[5]，以至活动，则更进一层。室中奥妙，讵难窥哉[6]！孟子曰："大匠诲人，必以规矩。"[7]，规矩者，方圆之至也。以之诲人，是则大匠所能也。至于巧，大匠不能使，惟在学者。苟至于巧，则是遵规矩而不泥规矩[8]，脱规矩而自中[9]规矩，而要志不可满，满招损[10]。谚有曰："天外还有天，一满即招损。"能遵规矩，不失其正，虽成败利害有所不计。

注释

① 跟：为“根”之误。

② 囟门：属督脉，位于百会穴前三寸正中。

③ 徒：徒劳，白白地。

④ 何尝或间：何尝，何常；或，有；间，两段时间相接的地方。此指空隙、间断。意为何常有间断？

⑤ 进进不已：进进，奋力前进。不已，不停止，不停歇。意为奋力前进，不停歇。

⑥ 讵难窥哉：讵，音jù，岂，难道。难窥，难以看出。难以窥视到吗？

⑦ 大匠诲人，必以规矩：出自《孟子·告子章句上》，意为高明的匠人教人手艺，必定依照规矩。

⑧ 不泥规矩：泥，拘泥、拘束。不拘泥于规矩、法制。

⑨ 中：遵守，恰好。

⑩ 满招损：出自《大禹谟》：“满招损，谦受益。”实乃天道。自满招致损失，谦虚得到收益。

取象

此势形骸似不联属，手则有展开，有捋拳；足则相去虽数寸远，而有平踏，有颠立。且五官百骸皆有跼束[1]之形，实具习坎、入坎之象，故取诸坎[2]。然曰：“刚柔相济终有谋，出险之时坎中满”，人之心理毕具，中气归于丹田，有上坎下坎之象。《经》文：“习坎，有孚，维心亨，行有尚。”《象》曰：“习坎，重险也。”如吾身入重险之中，水流而不盈如吾之谦能受益，行险而不失其信，维心亨乃以刚中也言吾心中有实理，而又以中气存于丹田，亦以刚中，行有尚往有功也言吾有此浩然刚中之气存于中，何往不宜，天险不可升也言天降之灾拳莫能御，地险山川丘陵也言人之所侮，任凭何地皆能御之，王公设险以守其国言拳之有备无患，何有于险，险之时用大矣哉言拳之时措咸宜，无可无不可！中爻震言阳气伏于下，震为龙手之变化，犹龙震错巽。巽，顺也。素患难行乎患难，顺时而行二变，为坤错乾。外柔而内刚，拳之形虽若跼蹐[3]，而乾坤正气常自舒畅，何惧坎之不能出？耍拳耍到窄路，能自固守不失；遇宽路，游行自若无滞碍矣。本卦上坎下坎，言中气实而又实也；错离，言心之明而又明也。

肘底看拳四言俚语

左肘在上，右拳在下，胸有含蓄，侧首俯察。

左足点地，右足平踏，两膝屈住，裆中阔大。

神完气足，有真无假，承上起下，形像古雅。

前题五言俚语

也肖[4]猕猴象，仙桃肘下悬桃喻拳。

敢看不敢食言拳之不可摸，恐被击也，静养性中天屈身自处，以待来者。

注释

① 跼束：拘束。跼，音jú，意为屈曲不舒服。

② 坎：坎上坎下䷜，拳势以取坎象，意为打拳应每势皆中气归于丹田，中无隔阂，外柔内刚，胸含蓄，中气实，心明亮，气流行。

③ 跼蹐：音jū jí，畏缩恐惧的样子；不舒展。

④ 肖：相似、相像，这里指模仿。

第十六势　倒卷红[1]

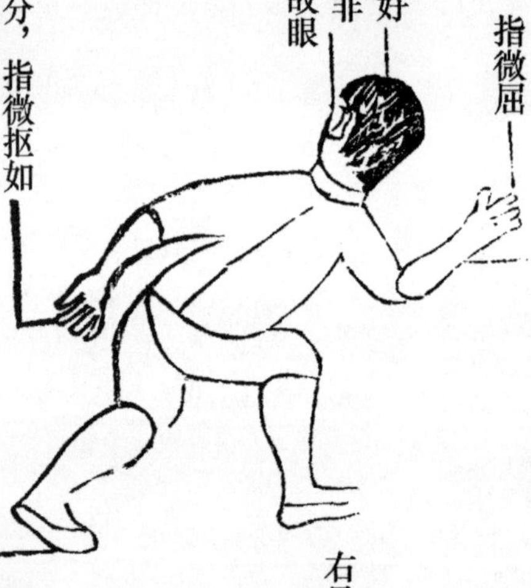
右手涉到[2]上面，肘微弯，指微屈
此大铺身法，顶精愈得领好眼神看住左足，不然恐履非所履[3]，以致立不稳当，故眼神住此
左手在后，胳膊微屈一二分，指微抠如掐[4]物，退行法脚往后倒退行开大步
脊骨领住，身铺下去，又得往上领住，大弯腰往后退行
右足平踏
左足前掌着地用力

此老式也。胸去地二尺，今人皆不能，故稍变其势，避难就易。然其活动处较胜老式，故特图之，以示老式之原样，恐失传也。

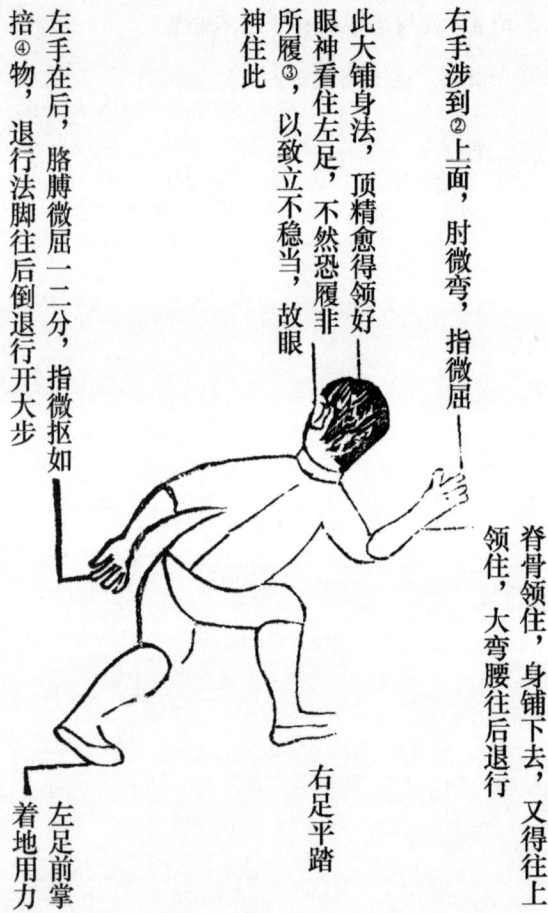

按：倒，退也，有序而退。陈鑫讲：“不直不遂”“退实为进”。卷，亦有“捻”之意，缠绕着退。与“红”（击破流血）联系，有“化中有打”“击打见红”之招。兵法俱矣。

注 释

① 倒卷红：亦有称倒卷肱。即大胳膊倒卷从下向后向上向前用掌或搦拳击打。退中含击，击着见“红”。“不留情面”，故称倒卷红。

② 涉到：经历，往。引申为转到、运化到。

③ 履：踩住、踩踏。

④ 掊：音 póu，挖掘，用手挖土。

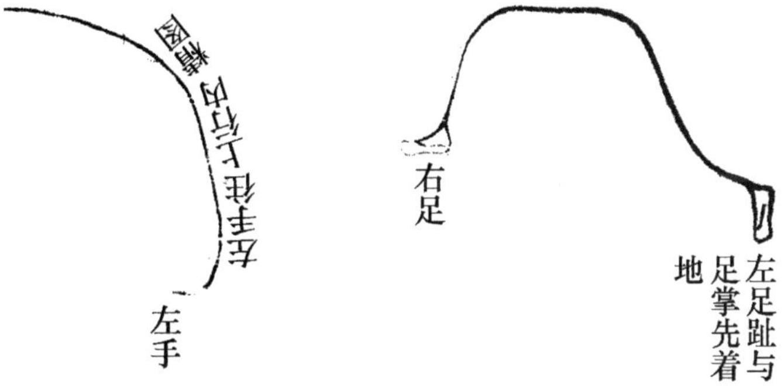

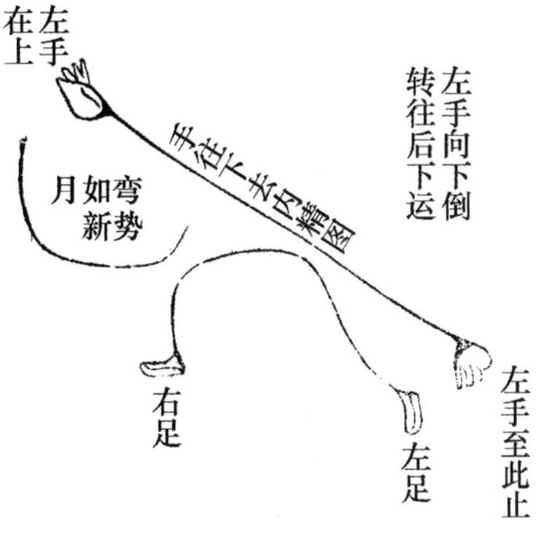

倒卷红从肘底看拳地位退行，自前向后至白鹅亮翅止，必待左脚在后方止。此是倒卷与下势分界处。

此倒卷红左半身倒转圈内精所运图式，右半身手往后倒转圈，内精与左手同。左手从左面绕一大圈涉上，至头前上边。

倒卷红

何谓倒卷红？足退行，手从上往下倒转，往后倒而卷之。红者，不留情面尽力击之，故名倒卷红。

指肚精由内至下，由下至外，再由外上缠，复至内，是倒缠精，是斜缠法。自腋斜缠至手，复由手缠到肩里边，复由肩里边由内而下、而外、而上至内，斜缠至指肚，此是半圈身法。足法皆是随手法倒缠，退行之形：左手在后，由后到前，则右手到后；右手由后倒转到前前即面前，其位在上，则左手即倒转到后后谓身后，其位在下。左手到上，右手到下，右手转回到上，左手即转到下。手以足之退行为的，左足退行一步，约有三尺许，左手亦倒转一圈，左足在后，左手亦在后，迨[①]至右足退行在后，左手与左足皆在前矣。右足退行到后，右手也是随住右足倒转一圈到后。右足右手在后，则左手左足到前；左手左足到前，则右手右足到后。左右手一替一回，互为前后，更迭[②]运行，圈圆如车轮运转，但车轮一齐向前运，此则两手更迭往后行。

取象

此势退行，胸腹在前，坤[3]为腹卦，取诸坤。坤言“先迷”，足向后退行，不知著于何地，是先迷也。曰“后得主”，言足向后退行，足得住地，是足有主也。《经》曰“利象”，曰“后顺得常”，是足已得地，手亦随之，有常度也。《初爻》“履霜，坚冰至”，言退行，如履霜坚冰至，当预防后患。《二》曰“直方大”，言倒卷退行，心中之气，直以方也。“不习无不利，地道光也”，言虽退行无妨也。《三爻》“含章可贞”，言胸有成竹，正而固。曰“或从王事”，言不得已而军退自守，是无成有终也。《五爻》“黄裳，元吉”，《象》曰“文在中也”，言腹中条理分晰，美在其中也。虽退行倒卷，无所伤害。《上六》“龙战于野[4]”，言退行，而以手倒卷，战也。曰“其血玄黄[5]”，如劲敌在前加以兵刃，而后退行倒卷而战，能保必无伤害乎！六象曰：以大终也。阳大阴小，坤错乾，以刚中之道，终其事故。曰“利永贞”，盖坤至柔而动也，刚至静而德方，故退行无虞。《六五》“君子黄中通理，正位居体，美在其中，而畅于四肢，发于事业，美之至也”，倒卷退行，美亦如是。左手随左足，右手随右足，上下相随，有是随卦意。象辞动而说随，故再取之。

咏倒卷红长短句俚语

帘看珍珠倒卷，正气[6]贯住中间。阴阳来回更换，随机左顾右盼。退行有正无偏，一气相贯，似两个车轮旋转。莫仰首遥瞻，莫颠腿高悬，仔细看看两面左右手，真信得太和元气[7]倒转，十分圆。

五言俚语

举足皆前进，此势独退行。
两手如日月，更迭转无声。

注释

① 迨：音 dài，等到。

② 更迭：交替、轮换。

③ 坤：卦象为☷，厚德载物，德合无疆，坤卦至柔，极而至刚，周身相随，中藏变化。

④ 龙战于野：《易·坤》上六，龙为阳，而此爻为阴，所以龙战就指阴阳交战。野，城外为郊，郊外为野。

⑤ 其血玄黄：《易·坤》上六，玄指天，黄指地之色。天地为阴阳，天地阴阳交战而流出血。

⑥ 正气：浩然正气，此指中气，内劲。

⑦ 太和元气：天地、日月、阴阳冲和之气。此指人体阴阳二气会合，平和。

第十七势　第二个白鹅亮翅

又展白鹅右翅开，虚擎两手护怀来，沉肘压肩蛾眉肖[①]，一点灵机在心裁[②]左右手往北上，不可直率，其意如蛾眉之弯，又如初三初四之月。右足绕半圈向右开步，左足随之应敌。能预定其理，不能预定其势，故在临时随机应变，宜引在引在自己斟酌[③]。

上下缠丝精与一切法律，皆与前白鹅亮翅同。

左足去右足三五寸远，足指倒点于地，是虚步，为下搂膝拗步设势。右足向右开步，指向西北，平实踏住。

五言俚语

上承倒卷红，下接搂膝势，
灵机只一转，右引自不滞。

左足到后，右足在左足边[④]，足指点地，即以右足向外绕半圈，开一步，左足随右足到右面，与右足相去数寸，足指点住地，伏下势脉。上势左足在东不动，右足点于其侧，故此势即以右足向右开步甚易。此右足虚立[⑤]，即此势之来脉。此势左足在右[⑥]，足指点地，为下势向左开步之易也。势势承上起下，皆如此，余见第一白鹅亮翅。

取 象

本势左手从右手运，左肘从右肘，左足从右足，犹《兑卦》之二比三、三比四、四比五意，故取诸兑[⑦]。心与肾在内，犹二与五之刚中也。手与足在外，犹兑之三与上，柔外也。以心之诚接物以柔外，虽柔，说中实刚介，是谓说以利贞。《彖》曰："顺乎天而应乎人。"以心运手，顺势转圈，有天道焉，上兑也；肾藏志，以足从志，亦顺势转半圈，有人道焉，下兑也。初爻和兑，二爻孚兑，四爻商兑，上六引兑，内以诚心商榷，外以柔顺之气引人之进[⑧]，是以刚气伏于柔中也。是势纯是引进之精，故取说诸兑，而又专取引兑之象为主。又人以心为主，四体从之，犹比卦之九五居尊，有刚德而众爻之比辅相从也。《象》曰："比，辅也，下顺从也。原筮原永贞，无咎，以刚中也。不宁方来，上下应也。"此势四体从心而运官骸，皆悦以顺从，故又取诸比，而要皆以乾坤正气行之也。

注 释

① 沉肘压肩蛾眉肖：压肩，意为"沉肩""垂肩"，亦有"肩靠肩"之意。如压肩叠背指肩靠肩、背靠背。蛾眉，蚕蛾触须细长而弯曲，比喻美丽的眉毛。肖，相似。

② 心裁：在心里谋划设计。

③ 宜引在引在自己斟酌：应为"宜在自己斟酌"。

④ 左足到后，右足在左足边：应为"左足到后，右足先收在左足边"，勘误。

⑤ 此右足虚立：应为"此左足虚立"。

⑥ 此势左足在右：依据拳势、拳理"右"字应为"左"字。

⑦ 犹《兑卦》之二比三……故取诸兑：前者比卦䷇，此者兑卦䷹，刚伏其中，顺乎天而应乎人。

⑧ 引人之进：应当为引人以进。

第十八势　搂膝拗步

（两手从两膝下搂过，顶劲不丢，胸有含蓄，成势后与前堂拗步同。）

左右手精皆倒转，外往里缠
左右足精、腿精用包合法，皆是外往里缠

搂膝拗步，右手绕到前，虚虚笼住，左手绕到后束[①]住手，亦虚虚笼住。右手去胸尺余，左手去背六七寸，中间腰微弯，合住胸，有包罗万象，有得乾坤正气象。心平气和，凝眸静视右手中指，裆精撑圆，亦要虚。两膝合精，两足大指向里裹，脚底前后皆要用力，平实踏住地，其余一切法律皆如第一搂膝拗步。

注释

① 束：并住，撮住。示指、中指、环指、小指包合住大拇指，成勾手。

取象

上之搂膝拗步，取乾、坤、坎、离方位，然犹未尽其意。拳当功力既熟，端正恭肃，敬其所事，不敢自满，有谦谦之意，故又取诸谦[①]。谦者，有而不居之义。山至高，乃屈而居地之下，谦之象也。止于其内，收敛不伐；顺乎其外，而卑以下人谦之义也。《象》曰："天道下济而光明，地道卑而上行。天道亏盈而益谦，地道变盈而流谦，鬼神害盈而福谦，人道恶盈而好谦。"谦受益，人能卑以自牧，自有休休有容气象，形呈于外，合二爻鸣谦贞吉。右手在前，左手在后，左足微前，右足微后，二足相去二尺有余。而其心一以恭敬运行，虽其身有分裂之形，而心却有主，又合三爻劳谦、四爻㧑㧑，来注，裂也谦之意，不矜不张，局度雍容，虽曰习武，文在其中矣。五爻利用侵伐，上六鸣谦，利用行师，自是拳中内含之意。果能谦，以居心何处不宜，岂但搂膝拗步哉！而搂膝拗步愈不可放，故又取诸谦。

第二搂膝拗步六言俚语

前有搂膝拗步，今又搂膝拗步。

非是好为多事，除此不能开步。

白鹅手皆在右，此则右前左后。

横开裆有一尺，任人四面来侮。

此身全仗虚灵[②]，官骸[③]无所不顾。

况兼谦谦不已[④]，君子何忧何惧?

任尔奸巧丛生，自是刚柔素具[⑤]。

谦卦，艮下坤上。艮为手，能以手止物。艮综震阳，在两足。坤，顺也；错乾，健也，故言刚柔悉具。震为足，故言足。

注释

① 谦：卦象为䷎，谦受益。谦让，战略思想，以退为进。

② 虚灵：机灵。道家哲学，虚者，空也；灵者，聪明也。《辞海》虚灵者：含宁静荡泱而智慧之意。

③ 官骸：指身躯，形体，五官百骸。

④ 谦谦不已：谦谦，谦逊貌，谦谦君子，谦虚而严格要求自己。不已，不停止，不停歇。

⑤ 素具：素，常、平常、平时。具，指本来具备。具备，完备。

第十九势　闪通背[1] 前半势

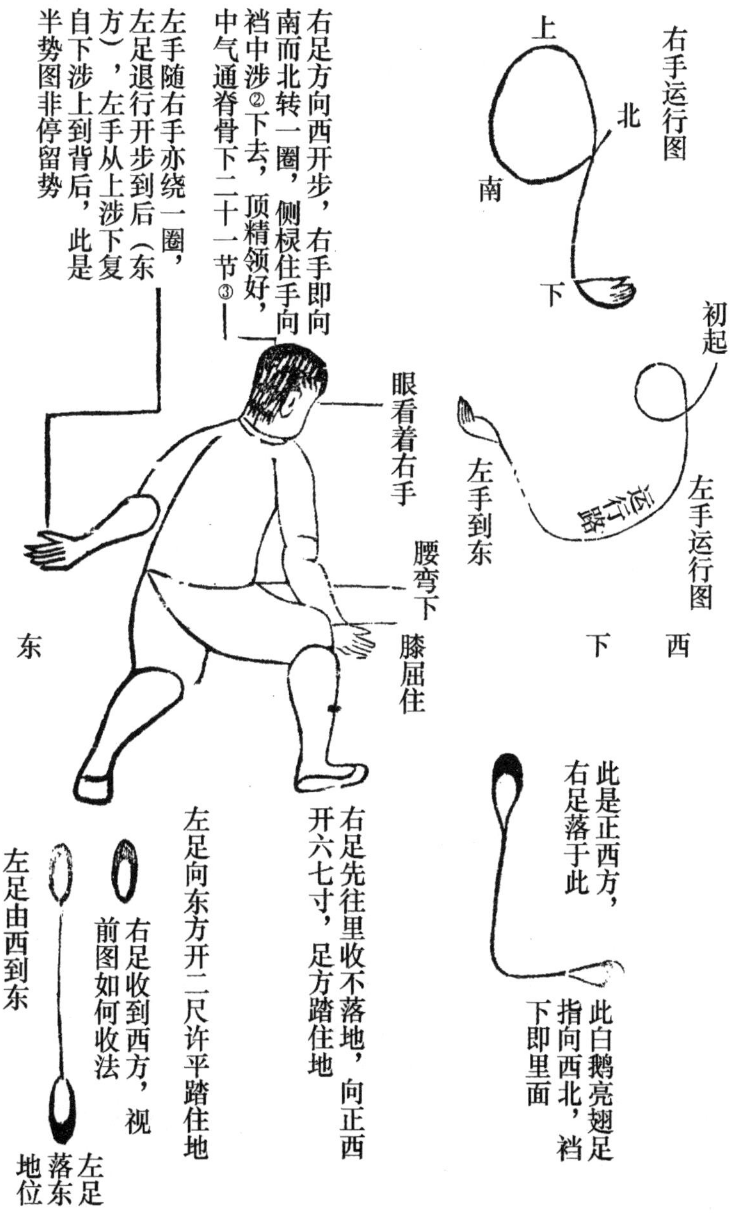
右手运行图
上
北
南
下
初起
左手运行图
运行路
左手到东
西
下
右足方向西开步，右手即向南而北转一圈，侧棙住手向裆中涉[2]下去，顶精领好，中气通脊骨下二十一节[3]
左手随右手亦绕一圈，左足退行开步到后（东方），左手从上涉下复自下涉上到背后，此是半势图非停留势
眼看着右手
腰弯下
膝屈住
东
此是正西方，右足落于此
此白鹅亮翅足指向西北，裆下即里面
右足先往里收不落地，向正西开六七寸，足方踏住地
左足向东方开二尺许平踏住地
右足收到西方，视前图如何收法
左足由西到东
左足落东地位

注 释

① 闪通背：亦称“三通背”，即任督二脉以会阴穴、承浆穴上下、来回、前后转三圈。闪而化之。取卦“大过”，兑上巽下，非常行动，中含玄妙。

② 涉：到、往之意，下同，不另注。

③ 脊骨下二十一节：脊骨，指人和脊椎动物背部中间的骨头；下二十一节，下到脊骨末端尾巴骨。

闪通背中截图

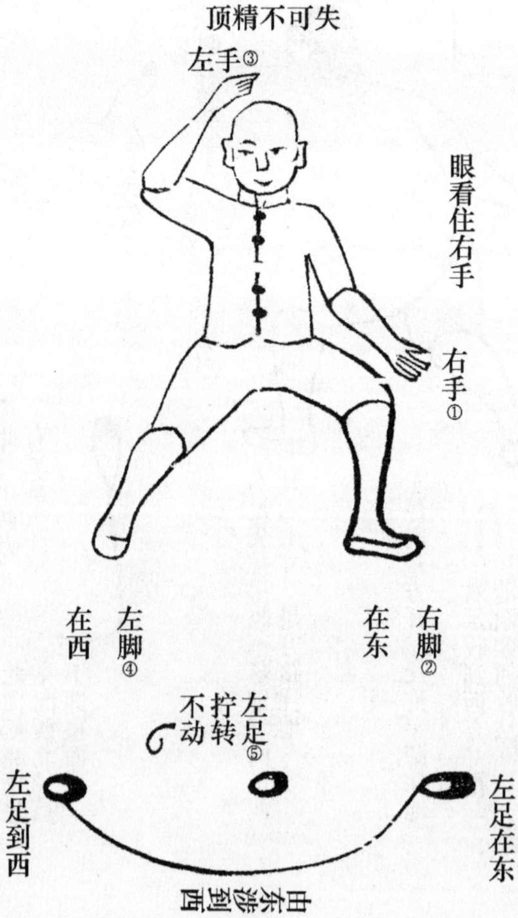

前右脚在西，此则左脚从右脚前倒转步[6]，过右脚二尺余，落在西方亦不停留。一势未成，如何能暂停？阅者莫误。

注释

① 右手：应为左手。

② 右脚：应为左脚。

③ 左手：应为右手。

④ 右脚：应为左脚。

⑤ 左足：应为右足。

⑥ 倒转步：多一“倒”字。

内精

前势腰弯下时，中气从背下二十一节起[1]逆行而上，过头顶前涉下[2]至丹田，此执中气由丹田发起，逆行过胸到头顶，越脑降下，复至下，二十一节[3]接住，仍逆行，上过头顶降下去，仍归到丹田。此督脉逆行接住任脉，下去转回；任脉逆行接住督脉，逆行到头顶降下，仍归到二十一节，复自下逆行，上过头顶降下，归到丹田。前势督脉逆行，任脉顺行，只转一圈；此势任脉逆行，接督脉过顶，顺下至二十一节即转回。督脉复逆行，上过顶涉下，接住任脉，顺降下归丹田，是任先督后，转一圈，复督先任后，又转一圈，是中截一势，而脉督来回转两圈也。

闪通背末节图，其界限只到此，以下是演手捶。

注 释

① 背下二十一节起：指从脊骨末端的尾骨起。背下，从脊背下到。

② 涉下：经过；往下。

③ 二十一节：仅指脊椎骨下二十一节或二十一节下，均指顺脊椎骨到末端尾巴骨。

内 精

任脉从前裆下过后，督脉接住，与中气逆行，徐徐上去，越脑至顶百会穴[①]，内精逆行，界限只到此止。此图合前二图，共三图，为一势。

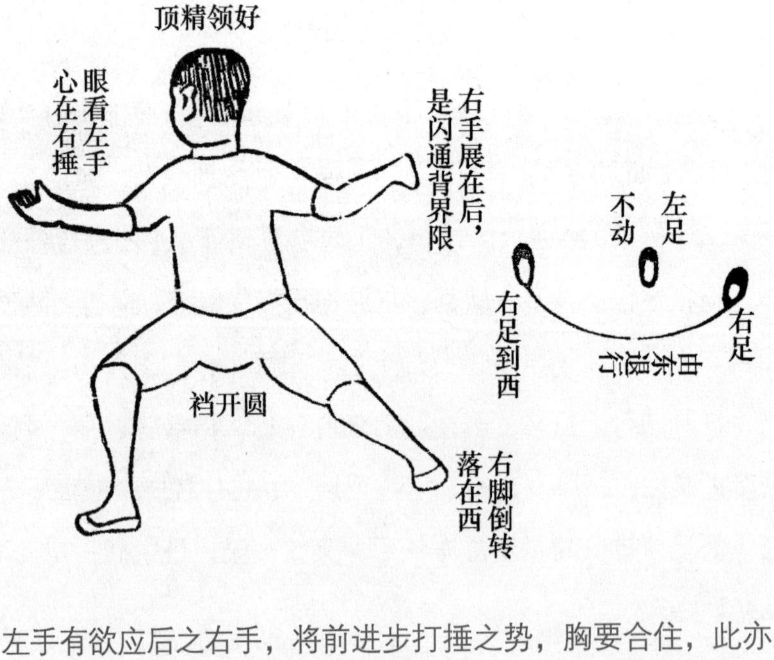

左手有欲应后之右手，将前进步打捶之势，胸要合住，此亦未停

之势，必待演手捶毕，而后稍一停留，即打下势。左脚不动，但后跟一拧转，足趾向西者转向东，此左足在东方之故，因右足涉在左足之后也。此图是后手，已为下演手捶设势，故捋住捶已入演甲里[2]。

闪通背是倒转圈，左足只[3]，起初向西开一步，在西不动[4]，但管[5]宁转脚后跟。右脚从西倒转到东，再从东倒转到西，看[6]倒转一圈。右手随住右足运行，独[7]起初右手涉下，是顺转精，至手涉起[8]，往后皆是随右足倒转，用倒转精。左右手于闪通背弯腰时，左手在后东方，内精由手倒缠到腋，及左足到西，左手精由腋自内向上，外转顺缠到手，及左足倒转到东，左手亦在东，犹是顺缠到手，虚虚领住，以待右捶向东击而应之。起初闪通背右足在西，右手亦在西，右手由上涉下，身涉起，倒转半圈，右足在东，右手用倒缠精，亦在东。及右足倒转至西，右手亦随身倒转至西。展开胳膊捋住捶，捶与腰平，左手在前与肩平，是为闪通背。左右手之正格[9]，是为闪通背两手一定不易[10]之界限。

何谓闪通背？以中气由心下降过脐到丹田，复由丹田与任脉逆行而上，越脐[11]、越上腕、华盖、天突、廉泉至承浆下嘴唇，督脉接住，逆行水沟、人中、素髎鼻准，越神庭、上星、颀会、前顶以至百会，下降越后顶、强门、脑户、风府、哑门、大椎、陶道、身柱、神道、灵台至阳筋、绪脊、中悬枢、命门、阳关、腰俞以至长强皆脊背俞也，再至会阴极矣是前任脉、后督脉下面两脉起端处。中气由百会下通于长强、会阴，是谓通背。闪者，如人搂住后腰，前面腰向前猛一弯，头与肩往下一下，后面长强与环跳即大腿外骨往上用力挑其小肚，往上一翻，敌自手散开颠倒[12]，从吾头上闪过前面，仰跌吾前矣。此之谓闪通背。

注释

① 越脑至顶百会穴：从脑后度过至头顶的百会穴。百会穴属督脉穴位，手足六阳之会。

② 演甲里：应为"演手（捶）里"。甲应为"手"，或演手捶势里。

③ 左足只：应为"左足（左脚）"。多一"只"字。

④ 在西不动：应为"而后在西不动"。

⑤ 但管：只管。

⑥ 看：看好，刚好。俚语是刚好、正好的意思。

⑦ 独：衍字。

⑧ 右手涉下……至手涉起：涉，经，经过。第一个"涉"，应为经过。第二个"涉"，含有翻过、翻起之意。

⑨ 正格：拳中合乎太极拳理、拳法的固定拳势，如六十四势：金刚捣碓，白鹅亮翅，单鞭等。正，不偏斜，与歪（变）相对。

⑩ 不易：不变，不可改变。《易·乾》："不易乎世。"

⑪ 脐：肚脐，指神阙穴（任脉穴位）。

⑫ 敌自手散开颠倒：应为"敌自手散开而颠倒"。

右手运行图

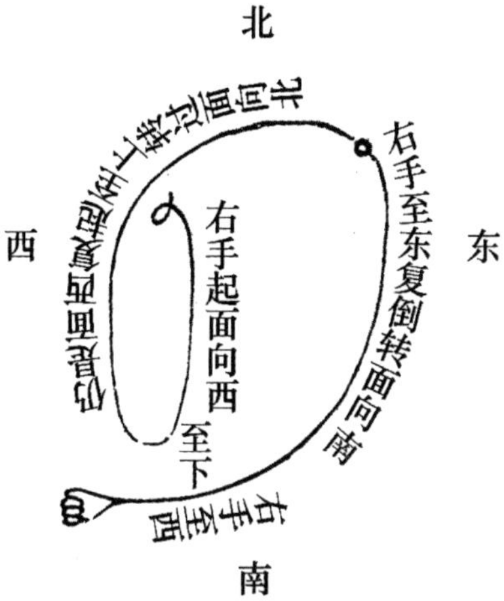

左手运行图

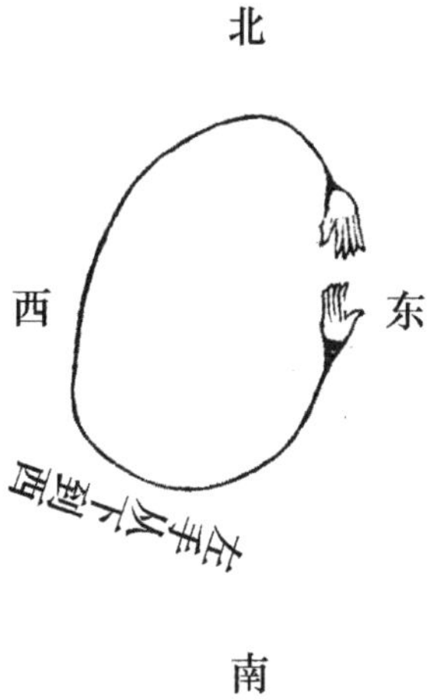

身是倒转圈。右手至上，随之倒转，以右手为主。手随身转，实随足转，右足所落，右手随之。左手亦随身倒转圈。

取 象

本势头在上而向下，面向西倒转，向北而东，又自东倒转，面向南大转一圈。转者，由此转过。彼拳中大转身法，倒转又属阴。大过，巽下兑上，长女，少女皆阴象，故取诸大过[①]。初爻、上爻皆阴爻，犹手足之居上下两头，柔顺以听命也。中爻二、三、四、五皆乾道也，如吾心以刚健之德运乎四体。又乾错坤，刚柔相济，虽大转身，四体听命皆无碍也。故九四："栋隆，吉"，言浩然之气充足一心，是以大象言君子以独立不惧，无害也。《象》曰："大过，大者过也"在拳只取其大意，如船蓬过角之过，言身之大转过也；曰"栋挠，本末弱也"，喻手足；曰"刚过而中"喻心之正气，身虽大转而能得其中道也；曰"巽而说行"喻手足顺以听命也；曰“利有攸往，乃亨”喻拳之无转不利，常亨通；曰“大过之时大矣哉！”易理至活至大无所不包，天下何事能出其外？吾之取乎。大过者，因大过字义取其大意而已，敢以易理明拳哉！

闪通背五言俚语

铜碑压住背，通身用住气，
臀骨猛一翻，头颅往下趁，
任有千斤重，能使倒落地。

第一闪通背七言俚语

其一

前人留下闪通背，
右掌劈下大转身，
右脚抽回庚辛[②]位，
周身得势胜强秦[③]。

其二

肩臂何由号闪通？督至长强[④]是正中。
从下翻上为倒精，敌闪到前在我躬[⑤]。

其三

起初演手捶向西，此处缘何独转东？
劝君有力休使尽，要防猾敌[⑥]从后攻。

其四

自古世事各不同，耍拳岂有一样行?

一着自有一着势，休教局外笑不通。

近身屈肘用努力，去远何能不展肱?

况兼敌人来无定，运化全在一心中。

自从闪通大转身，一波三折妙入神。

禹门流水三汲浪⑦闪通一变一击，讵少⑧渔人来问津敌又从东面来也。

东来东打原无样，只此一击定乾坤。

人说此中多妙术，浩然一气⑨运天真。

注 释

① 大过：卦象为䷛，兑上巽下，非常时期，非常手段，因时制宜，虽过亦中。

② 庚辛：指西方。天干五行之方位：甲乙东方木，丙丁南方土，戊己中央土，庚辛西方金，壬癸北方水。

③ 强秦：强大、强盛的秦国。秦国统一了中国，故曰“强秦”。

④ 督至长强：实指督脉穴位（脊骨）从上到长强穴。

⑤ 躬：躬身，躬腰翻背。

⑥ 猾敌：狡猾的敌人。

⑦ 禹门流水三汲浪：禹门，即龙门，在山西省河津市西北，陕西韩城市东北。相传为夏禹所凿，故名。汲，应为“级”。

⑧ 讵少：讵，音jù，无、非。讵少，不多。

⑨ 浩然一气：浩然正气，盛大刚直，一以贯之的正气。

第二十势　演手捶

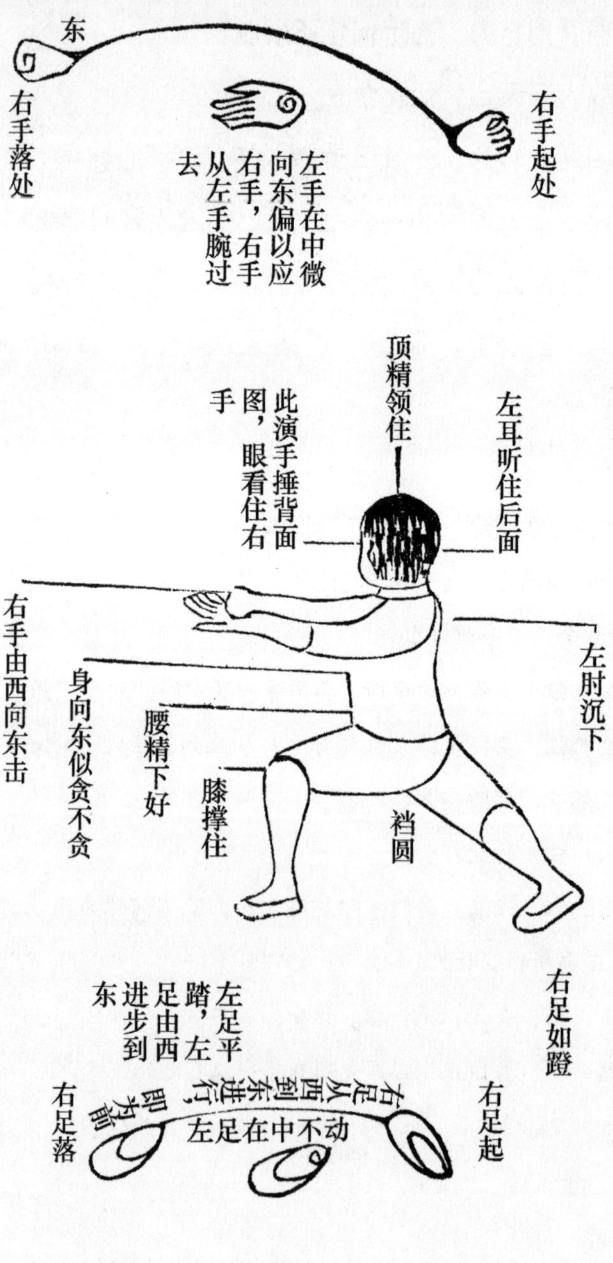
东
右手落处
左手在中微向东偏以应右手，右手从左手腕过去
右手起处
顶精领住
左耳听住后面
此演手捶背面图，眼看住右手
左肘沉下
右手由西向东击
身向东似贪不贪
腰精下好
膝撑住
裆圆
右足如蹬
左足平踏，左足由西进步到东
右足从西到东进行，即为前
左足在中不动
右足起
右足落

引 蒙

闪通背右足在东不动，左足由西起步过右足前，进步落到右足之东。闪通背右手在西，由下设上[①]，合住捶向东击。左手展开手，右捶摩擦过去，右捶向东击，左肘微向西霸[②]。

由丹田下过裆后再由长强逆行到百会[③]，降下至肩。前进运至右捶[④]，周身精神俱聚于捶方有力。左右足踏地，稳重如山，在地上莫能摇撼，方为有力。

取 象

本势精神聚于右捶，有《萃卦》“初六，若号一握”之象，莱[⑤]注：言有孚之心。若孚于前，而以右手握拳，斯为有孚之至。且《经》言：“萃[⑥]，亨，利有攸往”，故取诸萃。此势右足从后前进一步，是一小过角，故又取小过。右捶由后向前击，如山上之雷迅不及防，其进比鸟飞还迅，此右捶取小过之象也。右捶不软弱，故又取大壮利贞之象。《象》曰：“刚以动，故壮右拳纯是刚中之气贯于捶，故壮。”《象》曰：“雷在天上，大壮右拳如天上之雷，一击如雷之霹雳一声，不及掩耳。”《初爻》“壮于趾，征凶右足落于东不再动，此所谓足指有力，再行则凶，不再行则吉。”大壮，乾下震上，以刚中之气运之于捶，贞正而固，故《二》曰：“贞吉”;《象》曰：“九二，贞吉”，以刚中也。

第二演手捶七言俚语

其一

忽然有敌自东来，右拳即向东面开，

右足进步休宽缓，乘兴来者仰面回。

其二

举足前进向东摧，拳力如风又如雷言其快也。

问尔缘何进一步？为因下势伏胚胎[7]。

按：此势依据起势面向北的要求，原版本“左”“右”皆反，故将“左”更正为“右”，将“右”更正为“左”。

注释

① 设上：设，应为“涉”。设上，往上。

② 霸：霸占，霸住。此含把住、稳（沉）住，向后击出之意。

③ 由长强逆行到百会：长强、百会均为督脉穴位，一在尾骨端，一在头顶。

④ 进运至右捶：应为“并运至右捶”。

⑤ 莱：“来”之误，指来知德。

⑥ 萃：卦象为䷬，兑上坤下，聚集；小过䷽，震上艮下，小有过失；大壮䷡，震上乾下。壮大、隆盛。卦象有三，变化多端。中气充盈，精神团聚，右手出拳，拳风呼声，如雷震天。

⑦ 伏胚胎：伏，潜下，趴下。胚胎，指母体内初期发育的动物体。比喻事物的开始或起源。此指下一拳势之初始萌芽，下一势伏脉。

第二十一势　揽擦衣

面向北图

上下左右身法，一切如第一揽擦衣，不必再赘。至于承接法：右手收回再展开，右足收到左足边，趾点地，然后从西向外绕半圈，向东展开。左足但宁[①]脚后跟指向北，在本地不动。右足从东收到西，再从西绕半圈落到东方。

右手法

右手从东收回到身边，再绕向胁，再展东，连收带转共绕一圈。

五言俚语

东方甲乙木[②]，右肱伸莫屈，
似直似不直，敌来不敢入。
右手展向东，左手防西触，
中气运于心[③]，一发莫比毒。
何况进如风，疾迅谁能敌?
形骸与人同，用法只我独。
不是别有方，只为中气足，
灵明在一心，巧处亦不一。
只要能中行[④]，鸡群见鹤立，
我为学拳者，窍道皆指出。

按：打拳的过程就是培养“中气”“内精”的过程，拳行于此势取于“畜”卦，即有养蓄内精的含义，也是体现陈鑫多次强调的“发不如蓄”的拳理。

注释

① 宁：应为“拧”。后同。

② 东方甲乙木：甲乙，指天干。木，五行之一，位在东方。

③ 中气运于心：心中不偏不倚之内气，谓之中气。此句意为中气的运行是由心来主宰的意识运动。

④ 中行：行于“中”道。指气行骨中，拳势用中气运行。

取象

此象取小畜、大畜[1]两卦大意。《小畜》曰：“自我西郊（言右手自西而向东也）。”《彖》曰：“小畜，柔得位而上下应之。”右手属阴，六四为阴爻，乾下巽上，乾内巽外，阳刚在中，上下运之，以应右手，以应六四之阴，曰小畜。《彖》曰：“健而巽，刚中而志行言右手得阳之助方能伸展，右手以二之刚中运之，故伸。”《象》曰：“风行天上言右手如风行天上，迅也。”《初爻》曰：“复自道言右手在下，转而至上以落于东，亦复自道也。”《上九》“既雨既处，尚德载巽为风雨，为阴，右手为阴，以右手运中气，其迅速如风，则阴散矣。上九变坎为舆下，三爻为阳，德以舆载之。言右手以中气运乎手之内也。”曰“月既望者言右手中气之足，犹十六之月光，既圆满有可望也。”二爻“牵复”。九五“有孚挛如言右手虽属阴而阳气皆牵连，以贯于肱内。”大畜，乾内艮外。艮为手，以右手运行止物，必得刚气行乎其中。乾错坤，刚柔相济。艮综震，震，东方也。右手由西而展之于东。震为足，左右足平稳踏地。《象》曰“刚健笃实言拳之中气充足”；曰“刚上而尚贤言右手之用，便于左手，稍贤于左手”；曰：“能止健，大中也言右能以一手止敌之强，得中道也”；

曰“利涉大川言大川能涉，则无往不利矣，右手如之。”《上九》“何天之衢，亨何，去声。”《象》曰“何天之衢，道大行也畜之既久，其道大行。”以中气运于右手，得其道而大行，无纤悉阻碍。

注 释

①小畜、大畜：小畜，卦象为䷈，巽上乾下。大畜，卦象为䷙，艮上乾下。小有险阻，谨依拳理，螺旋缠绕，中气运身，大道可行。

第二十二势　第二个单鞭

四言俚语

灵气[①]何生？生于一心。中气何归？归于两肾。

心动志肾藏志从，运我四支。气行骨中，充于肌肤[②]。

功久则灵，其灵无比。依着即知，自然有应。

不即不离，沾连粘随[③]。如蝇落胶，有翅难飞。

此中之妙，微乎其微。

注释

① 灵气：指仙灵之气。即人对外物感受和理解的能力。

② 气行骨中，充于肌肤：指中气（内精）运行于骨缝中，缠丝精在皮肤下、肌肉上运行缠绕。

③ 沾连粘随：沾，手与手沾住，如“沾衣欲湿杏花雨”之沾。连，手与手相接连。粘，如胶漆之粘，是人既粘住我手不能脱。随，是随人之势，以为进退。（陈鑫《太极拳图画讲义》）

面向北图

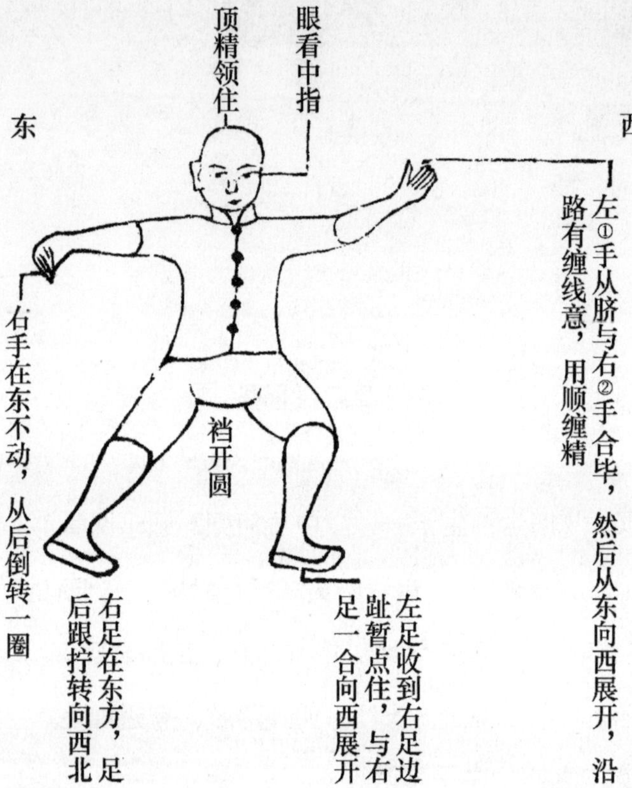

注释

① 左：当为“右”。

② 右：当为“左”。

第二单鞭

右手从下向后转，向北绕一小圈，左手从里向北转南，亦绕一圈，然后两手照脸合住。右手顺住精往西展开，左手用倒转精向东展开，束[①]住五指，两肱慢弯，不直不曲，似新月形。顶精领起，裆圆，腰精下去，势到成时，气归丹田。手与手合，肩与肩合，膝与膝合，足与足合，眼看左手中指，心则前后、左右、上下皆照顾住，勿懈。

取 象

第一单鞭取坎、离、否、泰四卦，此势取象亦如之，观前取象之说自知。

七言俚语

第一单鞭面向北，二次单鞭仍向北。
前之单鞭承金刚，此承演手与分别。
各势来脉自不同，非徒手足位向东。
一点灵气从心起，上入青天下入地。
此气行于手足中，不刚不柔自雍容[②]。
下接云手是去路，即是云手之来龙[③]。
八体顶、裆、心、眼、耳、手、足、腰关紧君须记，人力运成夺天工。

注 释

① 束：五指撮住（成勾手形）。
② 雍容：仪态温文大方。出自《汉书·薛宣传》："宣为人好威仪，进止雍容。"
③ 来龙：来龙去脉。指上一拳势往下一势的照应。

第二十三势　左右云手[①]

右运手

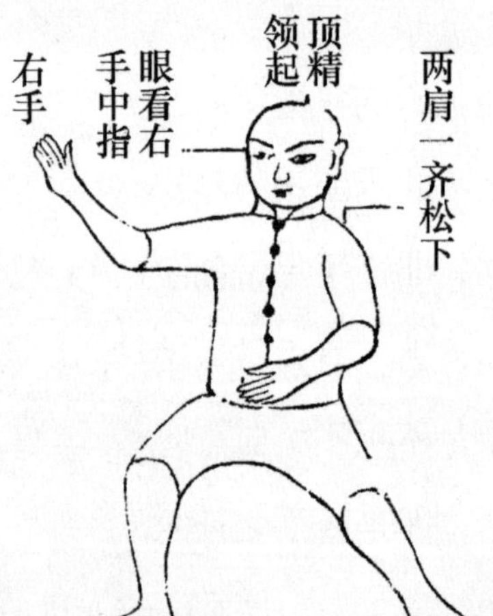

单鞭左手在西，即以左手领起右手，右手运到东，而左手即从上而下收回至左乳前，去乳五六寸。当左手初领时，肩即松下。右手从东初因单鞭右手在东，故起于此收至右乳，顺转而上，向东转回来，复转到右乳边，转一圈。

左运手

左足在西，左手收回，左足随左手转一圈收回，与左乳上下相照，指向正北。右足收到左足边，再向东运一圈，落到东方平踏，指向正北。

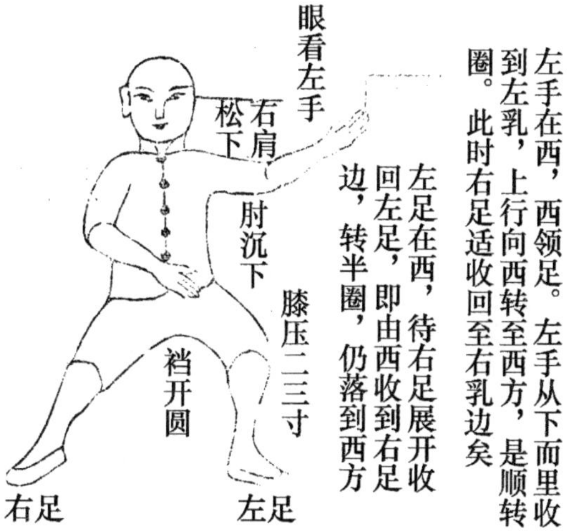

眼看左手
右肩松下
肘沉下
膝压二三寸
裆开圆
右足
左足
左足在西，待右足展开收回左足，即由西收到右足边，转半圈，仍落到西方
左手在西，西领足。左手从下而里收到左乳，上行向西转至西方，是顺转圈。此时右足适收回至右乳边矣

左足展开在西，右足转半圈收回至西，与右乳上下相照。左手运半圈至西方，则右手即从东由下转半圈往里收回到右乳边，去乳五六寸或七八寸。

右手与右足从东收到右乳，复运到东，看②转一圈。左手即从西起，下转半圈收到左乳边不停，左手即由左乳上而顺转半圈至西方，是左足向西又开一步矣。右足③即从东收回到右乳边，下面右足随右手自下转半圈，收到左足边，去左足六七寸远。右手到东，左手即到左乳边；左手运到西，右手即收到右乳边。左足向西慢弯，开步到西，右足即由下转收到左足边，右足由左足上运，前进到东，左足即从西下运，收回到右足边。一替一回，更迭转圈，不拘一定数目，大约皆有两三圈三圈，左足向西开三步，右足随之跟三步，去第三个金刚捣碓地位约一步有余，以留下势高探马地位。

内 精

二足更迭[4]，转机不停留，左足向西开一步，右足随之。虽亦开一步，然右足将至左足边，复自上转回五六寸方才落地，如此方见运行无直步。每左足开步，右足随之，皆如是。两足向西运行，面向正北，足则横行而西，非向正北开步，如右手顺转一圈，前半圈中气由腋里边向外斜缠到指，后半圈自东回来，精自外斜缠到腋下，左手亦然。至于足，如右足前半圈由腿根内向外缠到指回来，自外向里缠至腿根，左足亦然。

面向正北图

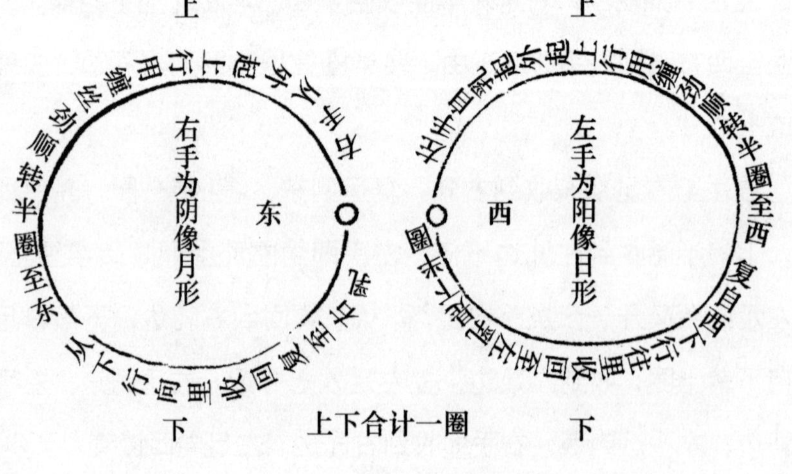

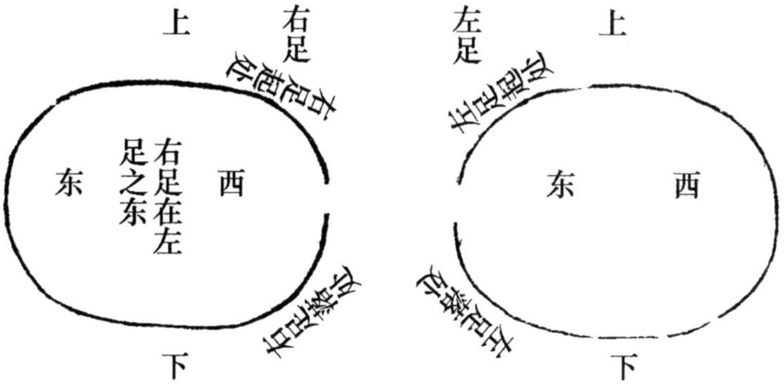

取象

左手为阳，象日⑤；右手为阴，象月。乾为天，为首。手从头过，如日月之丽天。《象》曰："日月得天重明，以丽乎天。"《象》曰："明雨作离，大人以继明照四方犹拳之以左右手照全体。"初九："履错然，敬之，无咎错，交错东西为交邪行为，错拳之开步如之，要以敬为主。"合住怀，胸中要虚合，离中虚，离错坎。腰精下去，气归丹田，合坎中满，故取诸离。两手既如日月，又如雷风恒卦，巽下震上。巽为风，震为雷，两手迭运不已，无间断，有恒久意。恒卦。《象》曰：恒，久也。日月得天而能久照，盖言天地之道恒久而不已也，利有攸往，终则有始，故又取诸恒九二：悔亡，能久中也。六五：恒其德。功皆似之。

运手五言俚语

双手领双足，左右东西舞。

先由左手领，右手随西去。

右足亦收西，两手与眉齐。

两手去尺余，内外缠皆内向外转徐徐。

中气贯脊中，不可歪一处。

右足收回时是临终不舞，左手至西住。

七言俚语

两手转环东复西，两足横行步法奇。

来回运气恒不已⑥，双悬日月照乾坤离恒胥有关切⑦。

注 释

① 原版本二十三势名称为“右运手”，依据目录第二十三势拳势名称将“右运手”更正为“左右云手”。

按：云手，顶灵气畅，似行云流水，能左能右，能前能后，能遮能挡，能化能击。

② 看：刚好。(俚语)

③ 右足：应为“左手”。

④ 更迭：交换，交替。

⑤ 左手为阳，象日：左手为阳，就像太阳一样。

⑥ 恒不已：持久而不停止。

按：陈鑫在《图说》中有时用云手，有时用运手。“运手”与“云手”各门派均用，意义相同，只是在手形上略有变化。

⑦ 离恒胥有关切：离，离卦；恒，恒卦；胥有关切，皆有关连，关系密切。

按：此势取象为离☲、恒䷟，刚中有柔，天长地久。

第二十四势　高探马

运手面向北，此图面向北转成面向南，此老式也。

左手领住，右手从东绕一圈再领住，左足向后拔一步落到东面，面即向南矣。右手随左手向东绕一圈，转回到西，身扭过在前。右手在前，手背朝上展开。

左足随右手向东绕圈时，右足先后开一步，后踵转移指向西南，左足再退行一大步，落在右足之东。右足随右手到东。右足先向后退行，落住脚，右足后跟一扭转，足趾向西南。

左右手内精运转图

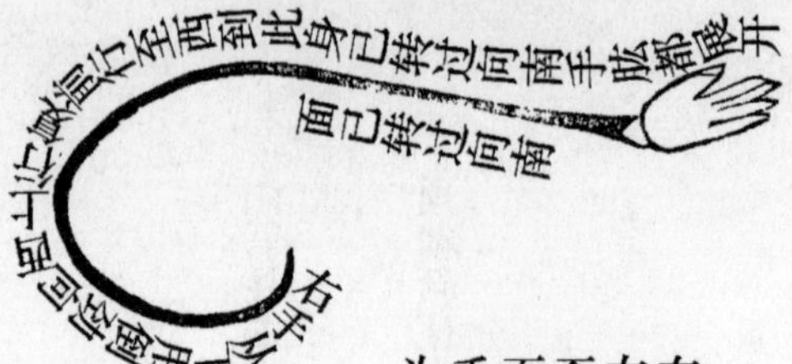

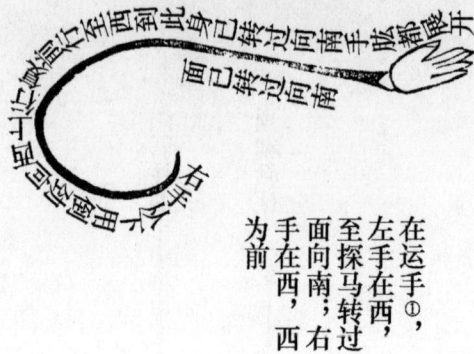

在运手①，左手在西，至探马转过面向南；右手在西，西为前

左手图

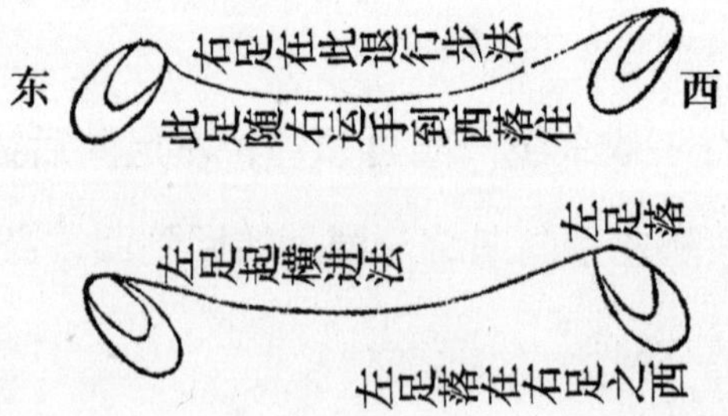

注释

① 在运手：应为“左运手”。勘误。

何谓高探马？如马高大，骑之，而以手先探其鞍鞒也[①]，故名之。运手，两手在西[②]，敌人以手来侵我左胳膊，我即以右手领住，左手引之，使进。欲使敌进，必先以右脚往东退一步，待引足，然后即以左手向西[③]折回而击之，此手之所以转一圈也。当引之时，右手在东，右脚随右手退一步，在东落地，用后踵宁[④]转，指向西南。左脚即退行一大步，过右足之东落地，是实脚[⑤]；右脚[⑥]是虚脚。上边左肘回击，即扭过身向南，左手即抽回，落于左乳下，手腕朝上，去胸二三寸，护住胸身，即从西面扭转向南。右手与肱即向西展开，手腕朝下，与左手腕相合，如整鞍探马势。右手是顺转精，左手是倒转精。

取 象

此势右手在前，又在上，左手在后，又在下。胸有含蓄，极虚。手在外而实，心在内而虚，有离象。两足前虚后实，裆圆，膝开而合。震为足，上二画象大股、小股，下一画象足合。震下离上，噬嗑[⑦]卦也，故取诸噬嗑。耍拳不能不击人，不击人不能卫身，何用之？颐中有物，曰噬嗑手在上下，未击人，先有击人之势，如颐中未有物之象。将来击人颐中有物矣。《象》曰：刚柔分言足在下，属震，是刚在下也。手在上，大概为离。然离上下两画皆阳，如拳之手在下在上也。中间阴画，如心在中央，极虚极灵，动而明手足欲动而心先明以命之。雷电合而章足如震，为雷。心如离之明内外，上下各自成章，柔得中而上行两手左屈右伸，如离之得中道而上行。《象》曰：雷电噬嗑（言人之有心如电之明，有足有手如雷之刚）。初爻曰：灭趾言我灭敌之趾；二爻：噬肤灭鼻言我打人之肤，而又打塌其鼻；四爻：噬干胏；五爻：噬干肉言我虽遇劲敌，勿虑也。象取噬嗑，言我有噬嗑之具，虽未噬嗑，而内有噬嗑之心，外有噬嗑之形，将来必有噬嗑事，此特未之噬嗑耳。事有必至，理有固然，皆是预决之辞。拳取噬嗑，亦预必之意。又两腿在旁，中间空，如离中虚；右手在上，两胁在旁，如艮复碗，离之中虚上行通心，心火象。以此心火一动，运于右手，是山下有火，故又取诸贲。《象》曰：柔来而文刚言以下体之柔来文艮之手，故亨。分刚上而文柔本卦综噬嗑。噬嗑上卦之柔来文贲之刚。艮，阳卦，喻拳。又分噬嗑下卦之刚。上而为艮，利有攸往，天文也在天成象不过日月五星运行，一往一来，刚柔交错，即天文也。在耍拳是宾意；文明以止，人文也盖人文，人之文也，灿然有礼以相接，文之止也，而截然有分以相守，喻右手在上，能止能守。观乎天文，以察时变；观乎人文，以化成天下言拳有心以运手，自能令人心服。初爻：贲其趾艮综震，震为足，有趾之象。艮为手，言拳有手足相顾意。二爻：贲其须在颐曰须，在口曰髭，在颊曰髯，贲其须者，虽小处，亦顾。三爻象曰：永贞之吉，终莫之陵也高探马人莫敢近。五爻：贲于丘园深之高，犹马丘园也[8]。《象》曰：六五之吉，有喜也人莫敢侵，何喜如也。上九：白贲，无咎。《象》曰：白贲无咎，上得志也。天地间色即是空，空即是色，色色空空，空空色色，无生有，有归无，何物不然，岂独拳乎？岂独拳中高探马乎？艺至此，惬心贵当矣！

高探马七言俚语

其一

八尺以上马号龙⑨，吴山独立第一峰⑩。

只为欲乘千里疾，高探赵奢马服封⑪伯益之后超奢⑫封为马服君。

其二

冀北空群⑬得最难，形高八尺不易探。

果能立势超流俗，千里一日解征鞍。

注 释

① 以手先探其鞍鞒：鞍鞒，音 ān qiáo，马鞍。其拱起处形似桥，故称。此势含"引而击之"之意。

② 两手在西：应为"左手在西"。

③ 左手向西：应为"右手向西"。

④ 宁：应为"拧"。

⑤ 是实脚：依据拳势拳理要求，应为"右脚是实脚"。

⑥ 右脚是虚脚：依据拳势、拳理要求，"右"字应为"左"字。

⑦ 噬嗑：卦象为☲☳，离上震下。刚柔分，动而明，雷电合，障碍得以铲除。

⑧ 深之高，犹马丘园也：深应为探，探马。丘园，乡村，家园。此句为探之高犹马入丘园也。

⑨ 八尺以上马号龙：龙，指骏马。《周礼·夏官·袯人》："马八尺以上为龙。"

⑩ 吴山独立第一峰：吴山：在今杭州市上城区。此句出自金废帝完颜亮

(1122—1161 年) 诗句:“混一东书四海同,江南岂有别疆封。提兵百万西湖上,立马吴山第一峰。”

⑪ 高探赵奢马服封:赵奢,战国时代赵国的著名将领,东方六国的八名将之一,赵括之父,因破秦而有功,被赵王封为“马服君”。子孙后随以“马”为姓。马服,战国赵地,在今河北省邯郸市西北。

⑫ 超奢:应为“赵奢”。

⑬ 冀北空群:冀,河北省简称。此句出自唐·韩愈《送温处士赴河阳军序》:“伯乐一过冀北之野,而马群遂空。”意为伯乐一过冀北,冀北的良马就被挑选殆尽。

第二十五势　右擦脚

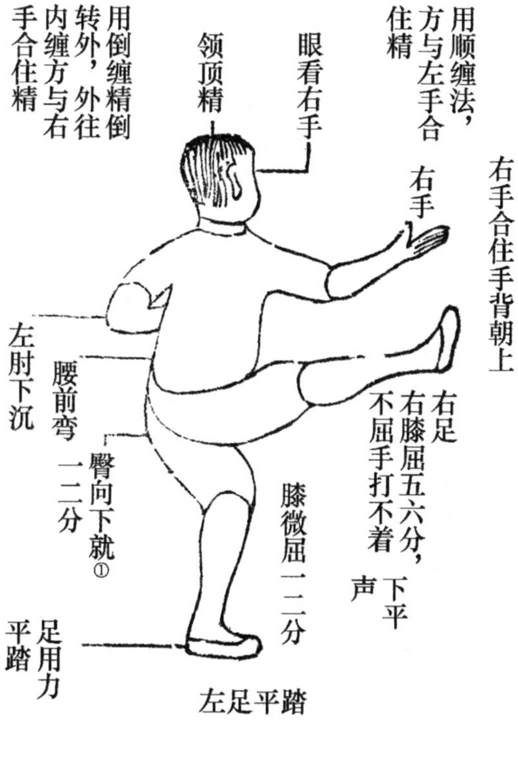

按：此势为左脚从右脚前迈过，重心下沉，用右手拍打右脚面。

注释

①臀向下就：臀，屁股；就，靠近，引申为“下沉”，屁股向下沉。（陈鑫在下文解释此语多用“霸”字，拳势中有“下就、把住、沉稳”等含义）

第二十六势　左擦脚

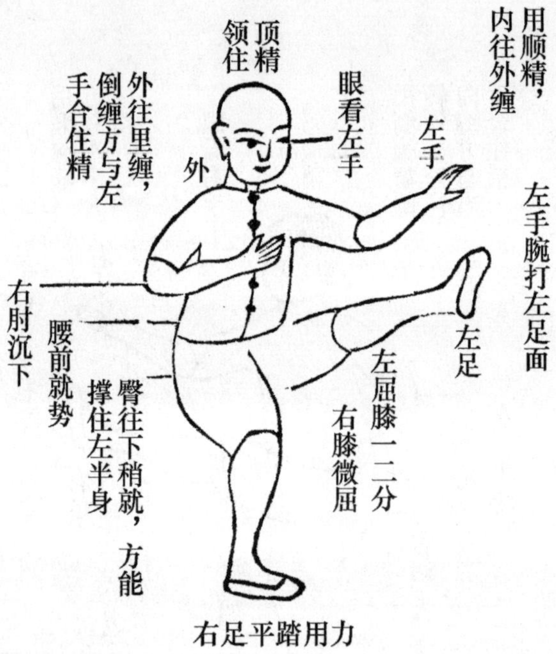

右手打右足。先将右手向下折回到左胁，上行向西，用顺缠法打右足面。胸向前弯，臀往后霸[1]下，就势方能前后撑住，不至倾倒。左膝微屈，左足方能立稳。打罢右足，右足少往前移一脚远是右足既落地而后移之，足指向北，左足挪到右足前，指向西北，落住脚，然后再抬起来。未打足时，左手亦从左[2]胁上去，向前打左足面，亦用顺缠精，腰往西弯，臀往下，就势向东霸，然后左右方能撑住。顶精要领好，裆下膝屈，足在地者要实踏。

注释

① 霸：霸住。此含有（往后下沉）把住、稳（沉）住之意。臂往下沉。

② 左：左，应为“右”。

面向南方图

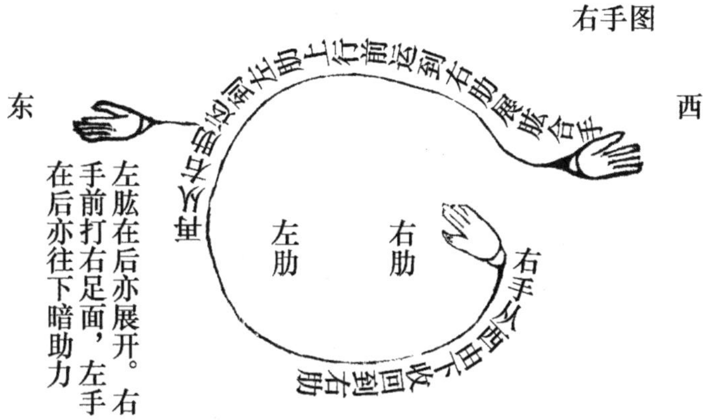

面向北方图

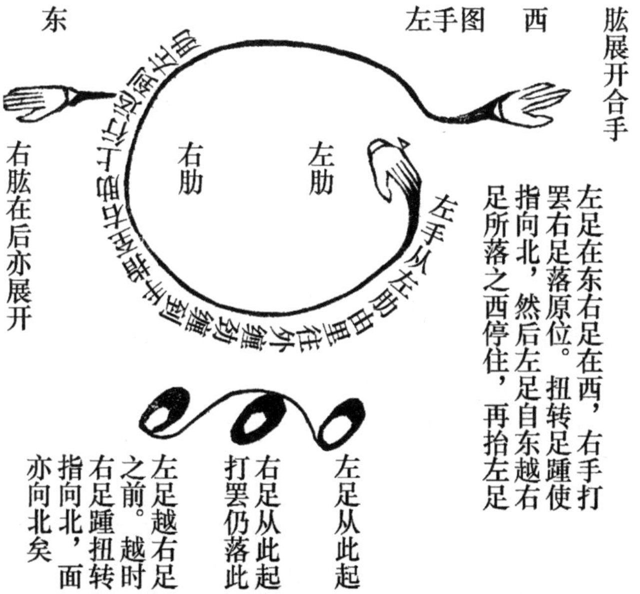

右擦脚取象

本势以右手拍右足之面。震为足，右足踢人；艮为手，以右手助而御敌，正意也。耍拳非真遇敌，拍其右足，预形御敌之威也。足上踢，手下打，有益①之意，故取诸益。《象》曰：损上益下言以手助足；曰：自上下下，其道大光言以右手自上下，下至右足，顺道也。故其道大光；曰：利有攸往，中正有庆言内以中气运之，前弯腰，后臀霸，得其中正，故有庆。右足上踢，无不利也。初九：利用为大作，元吉右足贵有作为，以之上踢，大作也，吉之，至善者。有夬卦：壮于前趾象。有四爻：臀无肤象盖右足前踢，臀必随之。今乃令其后霸，且稍就下。无肤，不露其肤也。

注 释

① 益：卦象为䷩，巽上震下，风与雷相互助长，气势增益。

右擦脚长短句俚语

右手从左胁，掏出绕一圈，手与心平展开肱。左脚立定，右足踢起，不在颔下即裆中，能使人一时丧命。凶得不用且不用，未可以妄举乱动。

左擦脚取象

右手方打罢插脚，即倒转回，面向北，复以左脚踢起，左手掌朝下，左手打之。上势左足方独立罢，今复以右足独立。在下右足为阴巽，下断亦为阴，巽下艮上，蛊[1]卦，故取诸蛊。右股独立，战懔不定，不定而定，如树木生虫，几难自持，而强为支持。《象》曰：蛊，刚上而柔下刚言左手，柔言右足；曰：利有攸往言利于打擦脚；曰：终则有始言此势一终，下势又始也，天行也拳亦天理自然之运行也。初爻：干父之蛊艮手在上，有父居尊，专于无为而有为，有子言右足主立，左足主踢，服劳听命犹巽之顺，考无咎言足能踢，手能打，犹父无咎也；五爻：干父之蛊，用誉言以左足上踢有功，是用誉也。总之，事虽有蛊、有干之者，蛊自无，且有功。

注 释

① 蛊：卦象为䷑，艮上巽下，上刚下柔，足踢手打，去除利弊。

左擦脚长短句俚语

右脚向北立定，左手也是从右胁转回，手与心平展开肱，左手合掌向下打，左脚踢上快如风。不偏不倚，又踢在敌人裆中敌非一人，当面见英雄。

右擦脚四言俚语

部位记清，面离分明，左足先横，右足跟定，右手左掏，向足打平。

七言俚语

其一

先将左足向南横探马面向北，左足先扭向南，右足扭向南面，故向南，上抬右足面展平。右手从左先绕转，上打下踢两相迎。

其二

面南左足定根基，右手下迎不烦思。

浑身合住弯弓似[①]，东噱[②]西打自相随。

左擦脚四言俚语

面从南方，转向北方。右足立定，左足飞扬。

左手右绕，下打不妨。中气贯足，乃尔之强。

七言俚语

再将右足扭向北，扣合全身自有力[③]。

左手右绕向下打，丝丝入彀[④]方合式。

左右擦脚合咏长短句俚语

先将部位心记清，从北转南两足横。左足先立定，右手从左绕一圈，然后右足踢起，右手向右足面打正打平。右足踢罢向北横，左足而往前跟定。右足先踏正，左手从右胁顺绕一圈，展开手，舒开肱，向左足面再打一声。顶精领起，裆精下去，一势一脚立分明。四面侵无惊，虎啸风生手足迎，太和元气练得精。灵明如转睛⑤，动静合轻重，心存恭敬，实体力行，循序渐进，十年乃成。到尔时气息纷争，意无满盈，方知道拳家有权衡。

注释

① 弯弓似：似弯弓。此为倒装句。

② 嘬：音 zuō，聚束嘴唇而吸取。此应是"踹"的笔误。

③ 扣合全身自有力：扣合，紧密配合。全身肌肉、关节紧密配合在一起。

④ 丝丝入彀：丝丝，每一根丝；入，进，由外到内。彀，音 gòu，使劲张弓。入彀指入圈套中。

⑤ 灵明如转睛：灵明，明洁无杂念的思想境界。转睛，转动眼睛。

第二十七势　中单鞭

上半势图

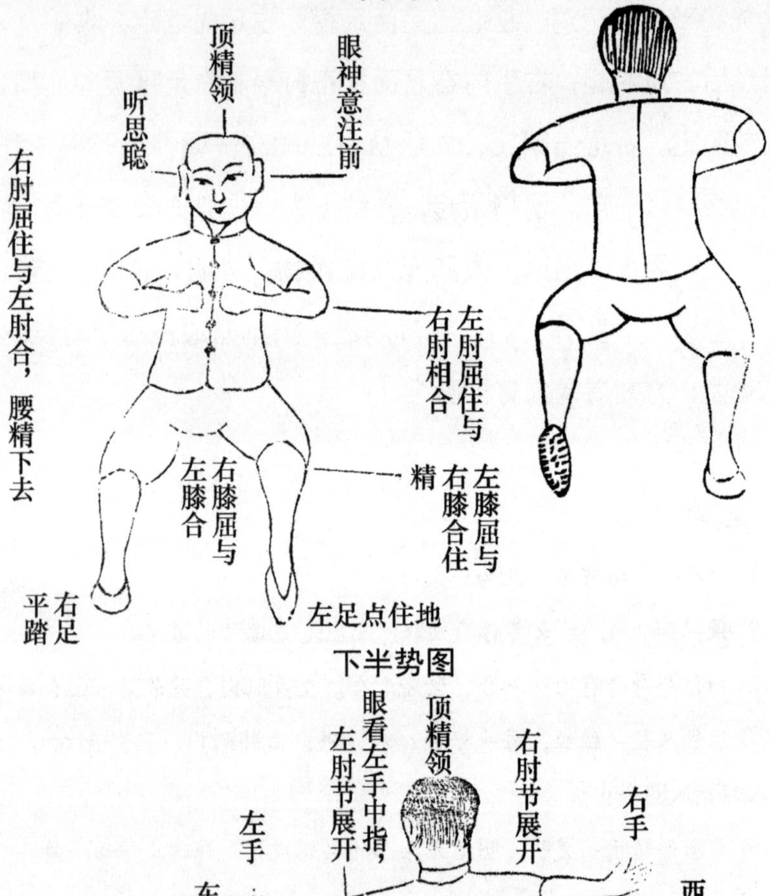

下半势图

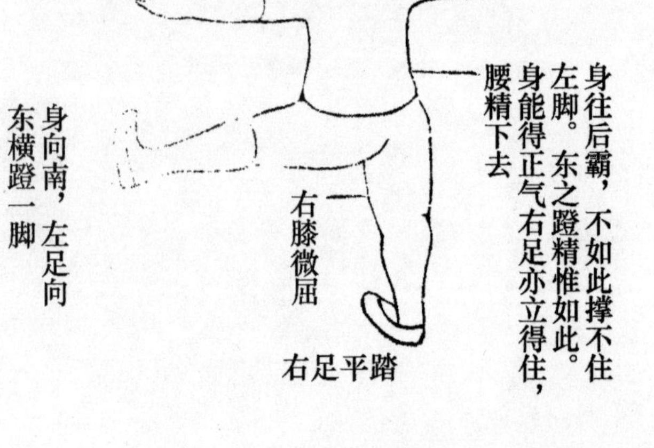

左手打罢左脚，身从北而西倒转回，面向南，左足立到东面，足指点住地，左右肘皆屈住，忽然左手向东右手向西，一齐展开，名为中单鞭，一名双风贯耳。谓：两肱展开时，左右手速从耳边过，如有风贯于耳中，故名。当左右肱展开时，左足即向东蹬一脚，脚往东蹬，身往西霸，使其东西用力，相停得其中正，不至倒跌；右足在下，不至立不稳。要必顶精领好，右膝微屈，然后臀骨才能往下稍就一点，身才能往西霸住。不偏于东，不偏于西，中立得住，凡事皆然，能权得中，自然合宜。然权无一定，身虽有偏，用力相停，能以中立，是谓得中[①]，是谓权之无定，却自有一定，不可移易，在人自会之耳。

注释

① 得中：得到中道，得到中正之道。

取象

乾为首，头在上，顶精领好，眼神注于左手，又兼注于左足所蹬之地，两肱展开，如乾之刚。震为足。右足立住，左足东蹬，如雷之疾。震下乾上，是为无妄[①]，故取诸无妄。无妄者，至诚无虚妄也。凡事尽其在我，而于吉凶祸福皆委之，自然有所不计。《彖》曰：刚自外来。言大畜上卦之艮来而为，无妄之。震，震动也左足东蹬，震之动也；曰：动而健言足蹬，极其刚健；曰：刚中而应言乾健之手，随其左足以应之；曰：大亨言左手、左足皆利也；曰：以正言宜蹬则蹬，不妄蹬也。且东蹬必中要地[②]，得其正也；曰：天之命也言东蹬亦理，势之自然而然，莫非天命；曰：有攸往言蹬非徒蹬，有为而蹬，即经言[3]无妄之往；曰：何之对面便是有所蹬处；曰：天命不佑对面便有，蹬所宜蹬，击所宜击，天即佑之；曰：行矣。心存以敬，运以中气，何往不可？初爻：无妄往吉。《象》曰：无妄往吉，得志也言诚能动，物无不遂心，即手击足蹬之谓也。四爻象曰：可贞无咎，固有之也言单鞭可蹬可击，亦可不击不蹬，以其养之有素也。

注释

① 无妄：卦象为䷘，乾上震下，真实至诚不虚妄。

② 必中要地：必蹬中关理的部位。

③ 经言：《易经》所说。

内精

揽擦衣右肱本伸，必与左肱合毕，然后左手拉开单鞭，中单鞭，两肘皆屈住，如裹鞭炮以我之肱裹人之肱，向外展，外击人。忽然用顺精一齐展开，此是大同小异。左足蹬，亦是用顺缠精合住。蹬右足，亦是用顺缠精合住，方能立稳。

中单鞭七言俚语

其一

身法端庄正无偏，左右手与肱齐舒伸展也列两边。

左足向东蹬一脚，全凭一木上冲天震为木，为足，右足独立在下。

其二

两手忽聚而忽散，浩然元气①贯中间。

右足下伏如基础，为看左足半空悬。

按：胳膊缠紧，或拳或掌，左右合住似“裹鞭”；顶精虚灵，右足根稳，同时胳膊展开击打，左足向左蹬一跟。

注 释

① 浩然元气：浩然正气。

第二十八势　击地捶

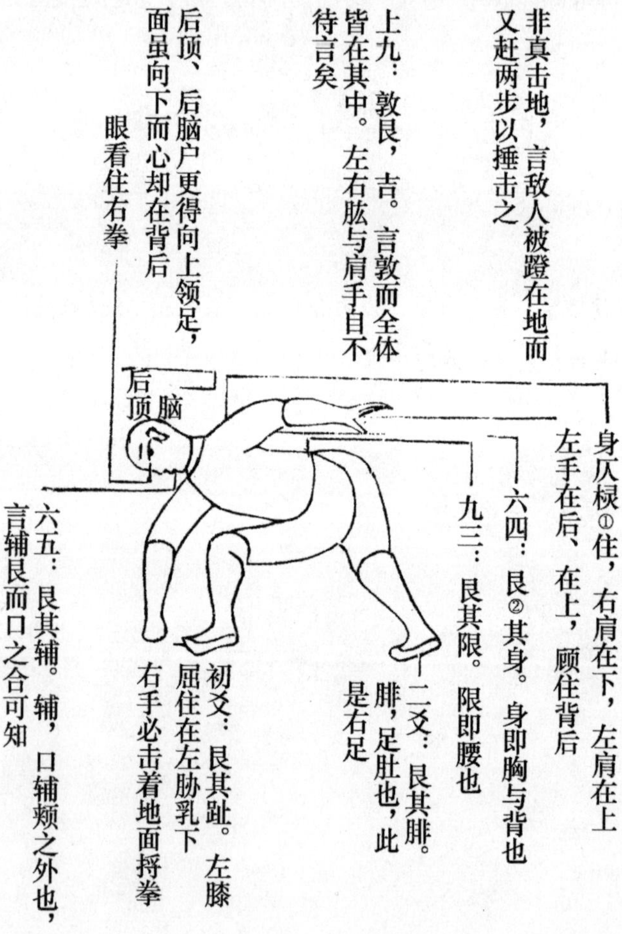
非真击地，言敌人被蹬在地而又赶两步以捶击之
上九：敦艮，吉。言敦而全体皆在其中。左右肱与肩手自不待言矣
后顶、后脑户更得向上领足，面虽向下而心却在背后
眼看住右拳
后顶
脑
身仄棂①住，右肩在下，左肩在上
左手在后、在上，顾住背后
六四：艮②其身。身即胸与背也
九三：艮其限。限即腰也
二爻：艮其腓。腓，足肚也，此是右足
初爻：艮其趾。左膝屈住在左胁乳下
右手必击着地面捋拳
六五：艮其辅。辅，口辅颊之外也，言辅艮而口之合可知

按：蹬一跟后连上三步（亦称“前堂拗步”），顶精不丢，向下捶打。

注 释

① 仄棱：音 zè líng，读作 cè léng，即侧楞。仄，同侧，棱，同楞。因俚语读音接近，故而陈鑫在书中，用了“侧”、“仄”等字。

② 艮：音 gèn，八卦之一，代表山，两山相重叠。卦象是高山重立。君子观此卦象以此为戒、谋不逾位，明哲保身。

中单鞭，左足向东蹬毕，左足落下，即向东开一步。右足越过左足，向东再开一步。左足再越过右足，向东再开一步，右膝去左乳仅二三寸。不如此，则腰未弯下，右手不能向地面打一捶。右手击地，手背向东，是为合住捶打阳精也。

手法：左足蹬毕，开步落地，左手即随之倒转一圈，右手[①]越左足向东开步，右手亦随右足倒转圈。待左足再向东开步，左手倒转一圈，左手落到左胁上时，右捶即向地面上击一捶，此谓下演手捶。

左足临终开步时，膝大屈住，膝去乳甚近，腰大弯下去，后顶更得往上提住，勿令神廷、承浆[②]向下，即令后顶提领，面不向下，即已向下七分矣，而况后顶领提不足乎！此关系最紧，不可不知。下边裆口更得撑圆，脚步更得踏稳，此大铺身法。背高于臀不过数寸言身弯下，背之平，前后高下不过五六寸。不如此，人有捺[③]背即倾倒矣，或从东提耳[④]，亦即俯偃[⑤]于地。故裆要撑开，足要踏地。至于心，纯用在头背上与右腿弯。

昔吾少时

先大人尝[⑥]以此势将身设下[⑦]，教吾弟兄二人[⑧]捺住脊梁，上下尽力使气。只觉先大人一扭身，吾弟兄二人一齐跌倒。尔时即悟机关全在于腰，上边顶精一领，下边裆精开圆，两足实在踏地，中间腰精一扭转，任有多人亦捺不住，况吾弟兄两人乎？此所谓中气贯足，物来顺应，物莫能违。

内劲

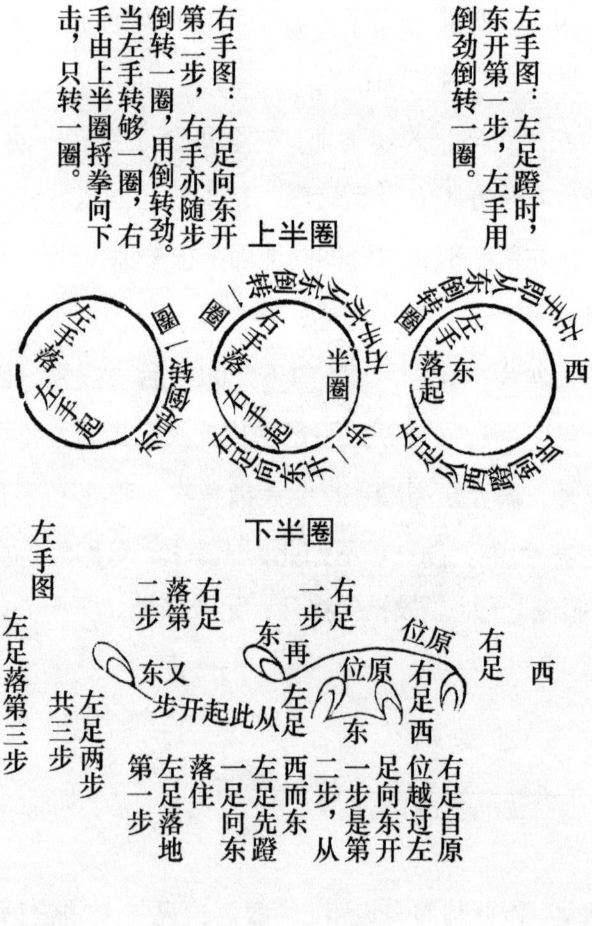

左足先蹬一脚，开一步，待右足继开一步毕，左足再往东开一大步，则是一连三步。当左开第三步，右手才转下半圈，待左手到后，右手即捋住拳，向东与头顶齐，下击足，过头七八寸，亦可从西而东下击，此是右手上半圈。左足向东再开一大步，落住。腰弯下，左手随左足用倒转劲转一圈，左足落地，右手乘腰弯下向地击一捶。

取 象

本势全体向下，独左手在上，犹在后。其余右手与左右足皆在地，止而不动，故取诸艮，是由动而静也。至静极，复动矣！动静循环，自然之理。拳即此二气，一动一静，循环不已之妙用。艮下艮上，为艮卦艮者，止也。一阳止于二阴之上，阳自下升极上而止，此止之义也。其象为山下坤土，乃山之质。一阳覆冒于二童，浊在下，亦止之象。艮其背，不获其身，行其庭，不见其人，无咎来注：本卦综震四，为人之身，故周公爻辞以四为身，三画之卦，二为人位。故曰：人庭则前庭也，五也。艮为门阙，故门之内中间为庭。震，行也。向上而行，面在上，其背在下，故以阳之画初与四为背。艮，止也。向下而立，面向下，其背在上，故以阳之尽三与上为背，上二句，以下卦言，下二句，以上卦言，言止其背，则身在背后不见其四之身，行其庭则背在人前，不见其二之人所以一止也。间既不见己，又不见其人也。辞本玄妙，令人难晓。孔子知文王以卦综成卦辞说，一行字，一止字，重一时字。《彖》曰：艮，止也。时止则止，时行则行，动静不失其时，其道光明。艮其止，止其所也，上下敌应，不相与也。是以不获其身，行其庭不见其人，无咎也以卦体、卦综、卦德释卦名。卦辞言：所谓艮者，以其止也。然天下之理无穷而夫人之事万变，如惟其止而已，岂足以尽其事理哉！亦观其腙，何如耳！盖理当其可之谓时，时当乎艮之止，则立时当乎震之，行则行，行止之动静皆不失其时，则无适，而非天理之公，其道如日月之光明矣，岂止无咎而已哉！然艮之所以名止者，亦非固执而不变迁也，乃止其所止也，惟止其所，当然之理，所以时止则止也。身辞又曰：不获其身，不见其人者，盖人相与乎！我则我，即能得其人，我相与乎。人则人，即能获其我。今初之于四二，之于五三，之于上，阴自为阴，阳自为阳，不相与，应是以人不获乎？我之身而我亦不见其人，仅得无咎而已，岂右时止时行，岂止无咎哉？八纯卦皆不相应与，独于艮言者。艮性止，止则固执不迁，所以不光明，而仅得无咎。文辞[9]专以象言，孔子专以理言。《象》曰：兼山，艮，君子以思不出其位兼山者，内一山，外一山，两重山。天下之理，即位而存。父有父位，子有子位，君有君位，臣有臣位，夫妇亦然。富贵有富贵之位，贫贱夷狄患难亦然，拳之耳目手足头身亦然。有本然之位，即有当然之理。思不出其位者，正所以止乎其理也，出其位则越其理矣。初六艮其趾，永贞，吉艮综震，震为足趾之象。初在下，亦趾之象。咸卦亦以人身以渐而上。初六阴柔，无可为之，才能止者也。又居初，卑下不得不止者也。以是而上，故有艮趾之象。占者如是，则不得轻举冒进，可以无咎而正矣。然又恐其正者不能永也，故教占者以此。《象》曰：艮其趾，未失正也理之所当止者，曰正，即爻辞之贞也。《爻辞》曰：利永贞。《象辞》曰：未失正。见初之止，理所当止也。六二：艮其腓，不拯其随，其心不快腓者，足肚也，亦初震足之象。拯者，救也，随者，从也。二比三，从三者也。不拯其随者，不求拯于所随之三也。凡阴柔资于阳刚者，皆曰拯涣卦。初六用拯焉，壮是也。二中正八卦，正位艮。在三两爻俱善，但当艮止之时，二艮止，不求，可三；三艮止，不退，听于二。所以二心不快，中爻坎为加，忧为心病，不快之象也。○六二居中，得正比于其三，正于其腓矣。以阴柔之质求三，阳刚以助之，可也。但艮性艮止，不求拯于随，则其中正之德元所施用矣！所以，此心当不快也。故其占中之象如此。《象》曰：不拯其随，未退听也二下而三上，故曰退。周公不快，主坎之心病而言。孔子未听主坎之耳，痛而言。九三：艮其限，利其夤，厉薰心限者，界限也。上身与下身相界限即腰也。夤者，连也，腰之连属不绝者也。腰之在身，正屈伸之际，当动不当止。若艮其限，则上自上，下自下，不相连属矣，列者列绝而上下，不相连属，判然其两段也。薰与熏同，火烟上也。薰心者，心不安也。中爻：坎为心病，所以六二不快，九三薰心，坎错离，火烟之象也。〇止之为道，惟其理之所在而已。九三位在腓之上，当限之处，正变动屈伸之际，不当艮者也。不当艮而艮，则不得屈伸，而上下判隔列绝其相连矣。故危厉而心不安，占者之象如此。《象》曰：艮其限，危薰心也不当止而止，则执一不能变通。外既离断，心必不安。所以危厉而薰心也。六四：艮其身，无咎艮其身者，安静韬晦，乡邻有阙而闭户，括囊无咎之类是也。六四以阴居。阴纯乎，阴者也。故有艮其身之象。既艮其身，则无所作为矣。占者如是，故无咎。《象》曰：艮其身，止诸躬也躬即身也，不能治人，不能成物，惟止诸躬而已。故爻曰：艮其身。《象》曰：止诸躬。六五：艮其辅，言有序，悔亡序者，伦序，辅见咸卦注：艮错兑，兑为口舌，辅之象也，言之象也。艮其辅者，言不妄发也。言有序者，发必当理也。悔者，易则诞繁，则支肆，则悖悖，则违皆悔也。咸卦多象人面，艮卦多象人背者，以文王卦辞艮其背故也。〇六五当辅，出言之处，以阴居阳，未免有失言之悔。然以其得中故，又有艮其辅，言有序之象。而其占则悔亡也。《象》曰：艮其辅，以中正也正当作止，与止诸躬止字同，以中而止，所以悔亡。上九：敦艮吉敦与笃行之笃字同。意时止则止，贞固不变也。内有敦厚之象，故敦临敦复皆以土取象。上九：以阳刚居艮极。自始至终一止而不变，敦厚于止者也，故有此象。占者如是，则其光明何吉如之。《象》曰：敦艮之吉，以厚终也厚终者，敦笃于终而不变也。贲、小蓄、蛊、颐、损、蒙六卦，上九皆吉者，有厚终意。击地捶右手捋拳依地，肱展开，艮下卦之一阳，右足指踏地，左足五指踏地，象艮二阴爻，此艮下卦之象。上卦艮，上者枕骨通大椎以下二十一节，象艮之一阳；后臀两分象一阴爻，左右胁支两分，象第二阴爻，此艮上卦之象。吾之取象，犹不止此艮止也。

以顶精领住，裆精下去，腰精用好，余皆各止其所。盖蹬时足开步，手倒转动也。动极必静，是时当止也。时止则止，是止其所当止也。止极必起，此先为下势之起设势。

击地捶七言俚语左脚蹬一跟，将敌人蹬仰卧于东，去吾甚远，又恐其复起，故吾则必连三步，趁其未起来而又向其身再击一捶，令其不复再起。

其一

转过脸来面向南，东蹬左脚看奇男二句承上。

连三赶步腰脚健，深入虎穴用手探取也。

其二

放开脚步往前贪，已罢东蹬左足悬已罢者，足已落于地，

下击一捶光[10]制命，然后回身欲飞天。

按：此势取象为艮☶，山上山下，为人敦厚，以知时上，该行则行，该止则止。

注 释

① 右手：依据拳势、拳理，“右手”应为“右足”。

② 神廷、承浆：神廷，属督脉，廷应为“庭”，在头部入发际五分处。承浆，在颏唇沟正中凹陷处，属任脉，是与足阳明胃经的交合穴。

③ 捺：音 nà，此处读 nàn（难），“按”的意思。

④ 耳：语气词，可以理解为虚词、无意义。

⑤ 俯偃：音 fǔ yǎn。俯，向下，俯身；偃，仰面倒下。

⑥ 尝：曾经。

⑦ 设下：可理解为涉下，弯下。

⑧ 弟兄二人：指陈鑫自己和兄长陈垚。

⑨ 文辞："文"，指周文王；辞，彖辞。

⑩ 光：应为"先"。

第二十九势　二起脚[①]

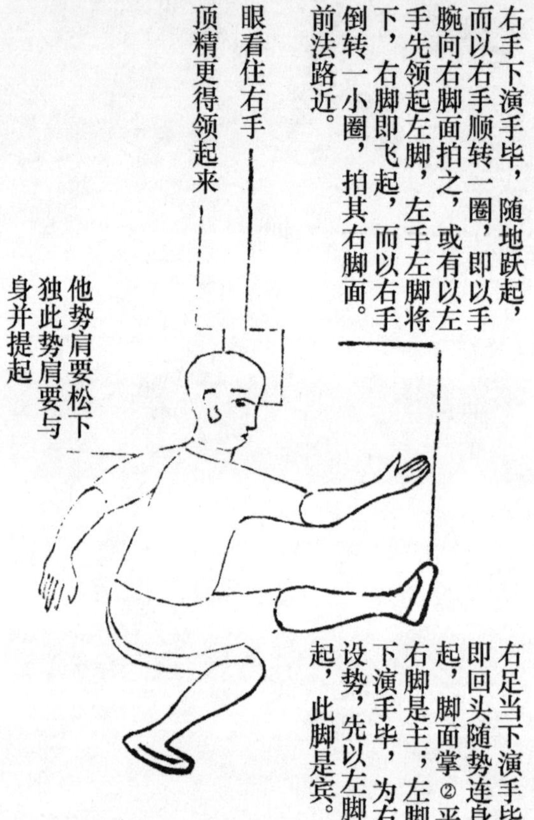
右手下演手毕，随地跃起，而以右手顺转一圈，即以手腕向右脚面拍之，或有以左手先领起左脚，左手左脚将下，右脚即飞起，而以右手倒转一小圈，拍其右脚面。前法路近。
眼看住右手
顶精更得领起来
他势肩要松下独此势肩要与身并提起
右足当下演手毕，即回头随势连身飞起，脚面掌②平，右脚是主；左脚当下演手毕，为右脚设势，先以左脚跃起，此脚是宾。

注释

① 二起脚：原版本漏“脚”字。此势为连环腿法，此处描述了三种“二起脚”法。

② 掌：应为“撑”。

身法：心精往上一提，全身精神振奋，皆往空中耸跃，右足能高头顶方合式[1]，即不能与天庭[2]齐，亦可再不能能与肩平[3]，斯[4]至上矣。左手当下演手毕，猛回头时，右手顺转一圈，拍右脚，左手倒转一圈，以助右手之精，如兵家设疑兵以助军威，言手而肩与脚皆在其中。

何谓二起？左右二脚相继一齐离地四五尺而跃起也，故名。

踢二起：右手下演手捶刚栽下击人，西面又有敌人从背后来犯我，即猛回头，以右手自下而上、自南而北而下，左手亦自下设[5]到上面，遂时[6]自上下去。左脚即先踢起，以引右脚起势。左脚将要下去，右脚即随左脚升提，上跃之精亦往上尽力升提升，往上去也。提，提精神也。上踢脚面要平。此时右手在下不停，随住到[7]转之精自下速上合住手掌，而以右手拍右脚之面。待左右足相继落地，其形尚未停住，下势之机又动矣。二起之界至此而足[8]，此最大之势。因右手身法所转之圈大，故其势大，此最下一等踢法。然学者必先由此路为入门之始。等而上之，右手不用涉到右边。当下演手毕，左手往上一起，右手即以之从东而西、复自西而下，向东而上而西转一圈毕，右手拍其左脚[9]，二脚跃起，亦是左先右后，此是中一等踢法。再等而上之，是上等踢法，颇难。当右手捋捶下栽，即时即以右手顺势用顺精转一圈，拍其右脚面，右手顺转一圈，左手却用侧[10]精倒转一圈，以助右手之精。至于足，亦是左先右后，然必左足先用力很往上踢，而后右脚始能踢高。二起纯是用全体升提法。二起毕，两足立住而向南，右手在西，左手在东，如单鞭势下。

注 释

① 合式：应为“合适”。符合一定的规格、程式。

② 天庭：古人对额头的代称。

③ 亦可再不能能与肩平：此句意为“再不能亦应与肩齐。”

按：二起脚有三个高度。①脚踢高过头顶；②高于天庭即额头齐；③高与肩齐。

④ 斯：这，这个。

⑤ 设：应为“涉”，经历，经过。

⑥ 遂时：应为“遂势”。

⑦ 到：应为“倒”。

⑧ 至此而足：到这里从而完成。

⑨ 左脚：应为“右脚”。

⑩ 侧：应为“倒”。

内 精

二起右手下等运行图

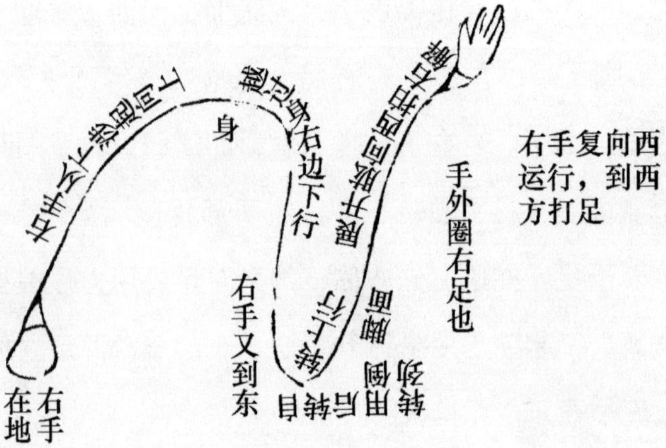

中等图

原初面向下，涉上打罢，面向南立，不停。

上等手法运行图

此三圈是上等左右运行图

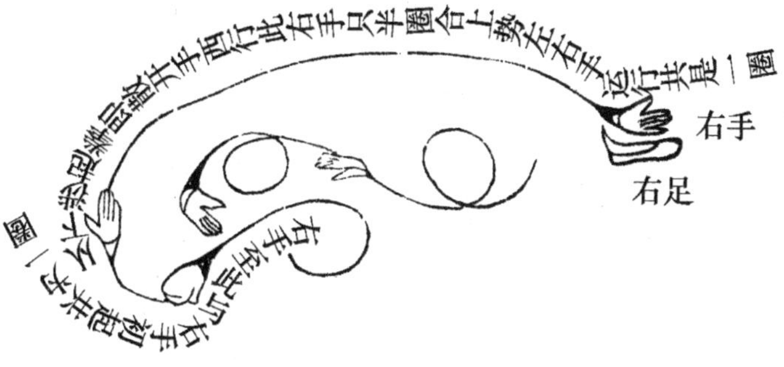

踢二起上等打法，就外观之，较中图、下图似易而实难，非久有功夫不能踢起来。且非亲阅其境不知①，盖②以本地风光不预③设势，故也。

注 释

① 不知：应为“不能知道”之意。

② 盖：表示推测、大约、大概之意。

③ 预：应为“易”。

取象

本势左足先起。震为足，震下，右足从后起；震上，合之则为震[1]，故取诸震。震，动也。物未有久止而不动，两足动而周身皆为之奋起，此震之初爻、四爻，阳一动，则二爻、三爻、五爻、六爻亦随之而震动。上势静极，此势有震来厉之象。足之所起者，极高，故又有乾卦飞龙在天之象。心精一领起来，而五官百骸皆随之而俱起，故又有随[2]卦，随，有获之象。且从下演手捶奋然而起，如泽中有雷，随，能不震惊百里哉?

注释

① 震：卦象为䷲，震上震下。其势敏捷，如雷电般迅猛。

② 随：卦象为䷐，兑上震下，随势而起。

其一　二起五言俚语

二足连环起，全身跃半空。

不从口下踢，何自血流红?

其二　七言俚语

中气提来膂力[1]刚，连环二起上飞扬。

若非先向东伏脉，西击何能过鼻梁?

其三

飞龙[2]在天不为好（龙之常事），泽中有雷[3]难措巧（由地起高最难）。但凭此身熔炼久，先学魏犨[4]一距跃。

注 释

① 膂力：音 lǚ lì，体力。膂，脊梁骨，人体肾脏外面那层发白、发青的薄膜叫“膂”，薄膜越厚越青，人的腰力越大。《后汉书·董卓传》：“卓膂力过人，双带两鞬，左右驰射。”

② 飞龙：引自《乾卦·爻五》：“飞龙在天，利见大人。”

③ 泽中有雷：《易·随卦》象曰：“泽中有雷，随。君子以向晦入宴息。措巧：措，安放，安排，筹划办理。巧，技能好，灵敏。

④ 魏犨：春秋战国时期晋国的大将。出自《史记·秦本纪》：“晋人患随会（人名）在秦为乱，乃使魏犨余详反，合谋会，诈而得会、会遂归晋。”犨，音 chóu。

第三十势　兽头势

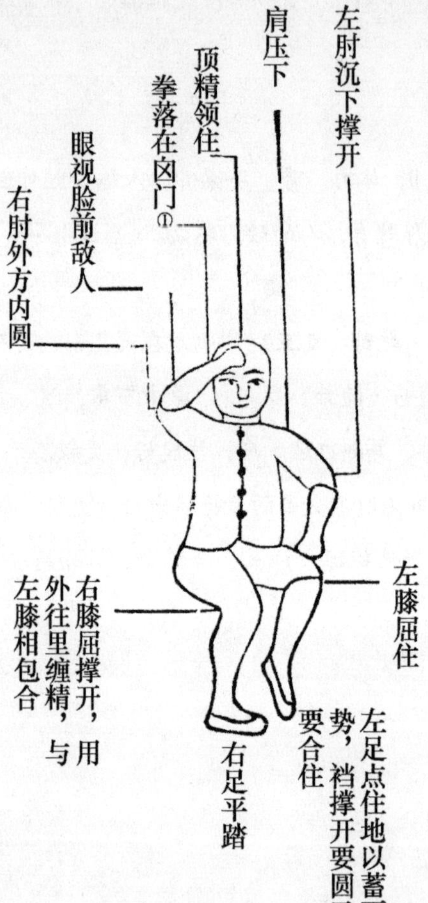

注释

① 囟门：又名囟会。位于百会穴前三寸正中。

何谓兽头势？右拳在额，左拳在左膝上，中间瞪住眼而瞇①视之瞇：恶视，儿音标，其形凶恶如房上兽头，故名。二起毕，左足先落下，右足向前开六七寸，左足再往前开尺许，然后左右手从左膝两旁分下，用倒转缠丝精缠到拳上。右拳落额上，去额五寸，在正额外。左拳落左膝上，去腹七八寸，去膝二三寸许。左足在西者收到右足边，去右足五六寸，点住脚，为下势伏脉②。

注释

① 瞇：音 biào，古书上说的一种贝。

② 伏脉：伏隐拳招的下势变化，以使拳势连绵不断。

内精

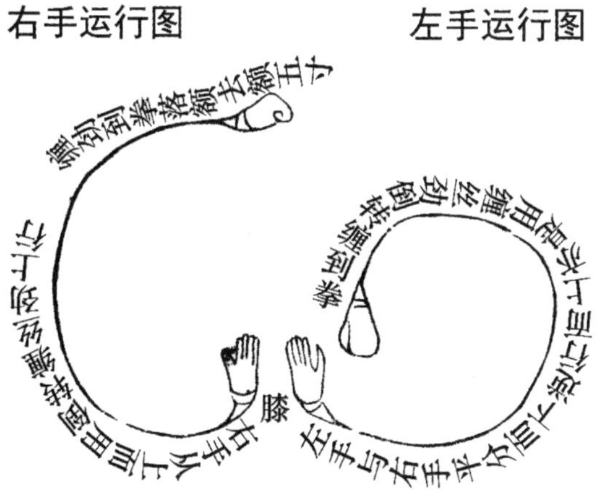

左足前进收回图

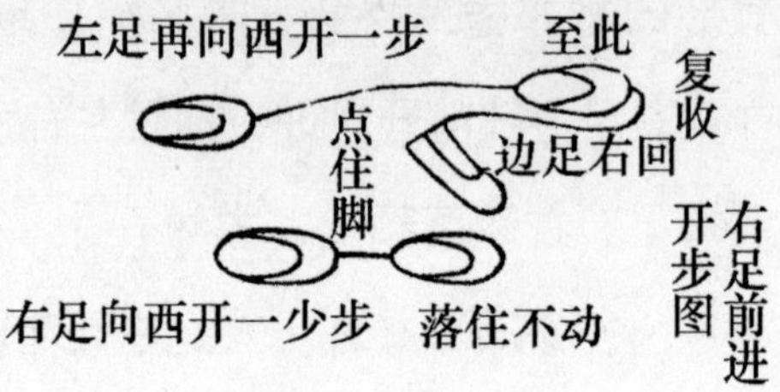

取 象

本势精神全聚于目，视敌人神情往来，观其外即知其内，故取诸观[1]。观者，以人观我拳，则以我观人，观敌所来之路径而乘便以应之也。《彖》曰：大观在上，顺而巽，中正以观天下言二目在面，大观在上也。顺而巽者，巽多白眼。视其大势，顺势击之。中正者，心平气和以观敌，是观天下；曰：观天之神道，而四时不忒天即天理，天机也。神道，路道。观他人先机呈露所来之路道，而以四支[2]随机应之；三爻：观我生生，生命也进退；《象》曰：观我生进退，未失正也两人相敌，性命所关，外观诸人，内观诸己，知己知彼，百战百胜，而一以中气御之，未失大中至正之道；四爻：观国之光。善观色者，能御小敌，亦能御大寇，所以能观国之光也；五爻《象》曰：观我生，观民也民即敌之谓；上九：观其生，君子无咎君子喻成手；《象》曰：观其生，志未平也言拳家手成能平其志，自无横气，无往不可。巽上两画，阳，左右拳也。巽多白眼，主观察。巽错震，有精神振作意。下卦坤，坤为腹。上体属阳，下体属阴，坤错乾，柔中遇刚，坤下巽上，曰观兽头大势之意，有符于此，故取之。有睽卦，见[3]恶人象；有颐卦，虎视眈眈，其欲逐逐象；有天壮利贞，壮于趾之象；有央[4]卦九五：大人虎变，其文炳也之象。究之象之所呈，虽多武人之形，而内实柔顺中正，又有明夷，内文明而外柔顺之意，故于诸卦取象之余，又取诸明夷。

注 释

① 观：卦象为䷓，巽上坤下，观望；明夷䷣：坤上离下，韬晦。

② 四支：应为“四肢”。

③ 见：现，显示出。

④ 央：应为“夬”。

兽头势七言俚语

其一

瞪眼搦拳像最凶，机关灵敏内藏胸。

左足虚点先蓄势，何人识此大英雄?

其二

两拳上下似兽头，左足西往又东收。

护心拳里无限意，欲用刚强先示柔。

四言俚语

右股要屈，左股要束[1]，左足点地，直而不直。右拳在额，左拳在膝，上下相顾，并我心腹。运用在心，聪敏在独（独者，人所不知而己所独知之地），欲刚先柔，欲扬先抑。太和元气，浑然中伏[2]，灵机未动，预知无敌。

注释

① 朿：俚语音 sù，收缩，并合（搦成拳头）。

② 浑然中伏：浑然一体之中气潜伏于心身中。

第三十一势 踢一脚

兽头势，左手在膝上者，因左足上踢左手亦随势与胳膊一齐展开，与肩平，以助左脚之力
眼看住左足所踢之地，勿使不中的①
顶精领住
右手在额者，因左足上踢，右手亦与胳膊一齐展开，以助右腿之力
兽头势，左足点地，即随势面向北。以左足点地者向西，往敌人裆中朝上踢一脚
膝要微屈，不屈立不稳
右足平实踏住地
腰精微往后下去二三分

注释

① 的：音 dì，箭靶的中心，目的，目标。

顶精领好，右手与左手用顺转缠丝精。左手向西，右手向东，一齐展开。腰精下去，向东霸。左足向西踢。胸要合住。右脚踏好，勿使不稳。膝撑要开，又要合住精，右膝微屈。

取象

上一势有鼎颠、趾旅即次二意[①]。此势左足踢起，有壮于前趾之象，有益之损上益下之象。上体之力皆用左足，上以左足踢人，只知晋其角，维用伐邑，厉吉无咎，而未虑及有吝也。盖大壮[②]曰：壮于趾，征凶。亦如上六：羝羊触藩，不能退，不能遂，无攸利。事虽艰，终则吉。我以足踢人，人固以手捉我之足矣，岂能退与遂哉！难莫甚矣，然而终有一解之也，故吉。此时大有明夷夷于左股之象，惟有用拯马壮吉马壮，下势蹬一跟也。

踢一脚　五言俚语

左脚朝上踢，局外皆不识。
兜裆只一下，即时命遂没。

七言俚语

眼前壁立巍天关[③]，剑阁[④]中空谷口间。
若遇英雄初到此，一脚踢倒万重山。

注 释

① 次二意：应为“此之意”。

② 大壮：卦象为䷡，震上乾下。

③ 天关：地势险要的关隘。出自杜甫《后苦寒行》：“蛮夷长老苦畏寒，昆仑天关冻应折。”

④ 剑阁：剑门关，四川北部边缘剑门县境内。地势险要，风光奇特。李白《蜀道难》：“剑阁峥嵘而崔嵬，一夫当关，万夫莫开。”

第三十二势　蹬一跟

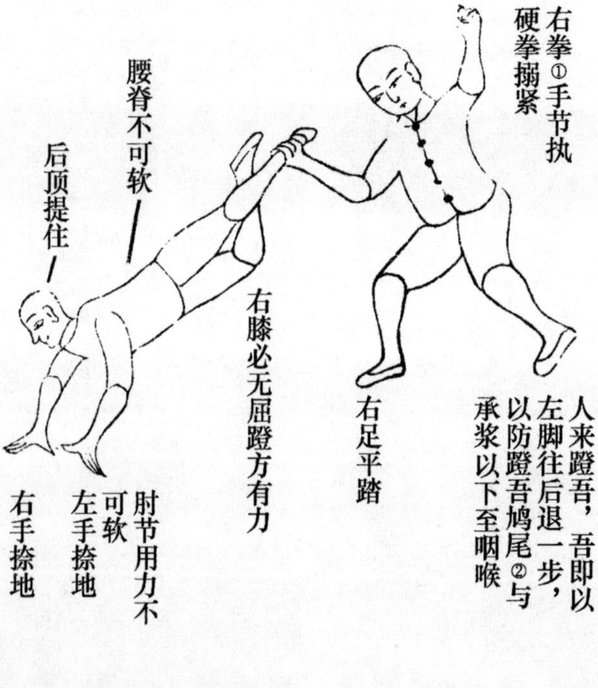
右拳①手节执硬拳搦紧
人来蹬吾，吾即以左脚往后退一步，以防蹬吾鸠尾②与承浆以下至咽喉
右足平踏
右膝必无屈蹬方有力
腰脊不可软
后顶提住
肘节用力不可软
左手捺地
右手捺地

注释

① 右拳：应为“左拳”。笔误。

② 鸠尾：属任脉，人体心窝正下方，最底下肋骨稍下处。

此敌人左手图势。欲以一只手提起吾全身，而以左手击之。或有因其右手得住[①]吾脚，即以左手共捋吾脚，用力扭之，以伤吾左股，以逞一时刚强。两势筹划非[②]不善，而岂知身入死地，自然别有生法。

此图吾以左脚踢敌，敌以右手捋住吾脚，欲扭转吾脚，令吾疼痛仆地，或上提吾脚，欲吾全身离地，而后颠起打之。吾即顺势倒转，两手捺住地，而以右足顺住左腿，逆行而上，蹉[③]敌人搦吾左脚之右手，难即解矣。或又以敌人搦吾左脚，吾即以右脚蹬敌人右肘尖，或蹬其手节，皆可解之。此是蹬一跟之大略。至于临时形势不同，不妨以吾之得势，蹬其要害处以解之，临时致用，是在审机者因便应敌。

内精

吾以左足踢人，人或以右手搦住吾脚，即速将身涉下[④]，两手捺住地，头虽朝下，后顶领起来，身腰用两夺之精，肩之力俱用在手上，自肩至手指骨节不可发软，一发软，不惟下体不能蹬人，而上体亦将仆地矣，围何能解？自脐以下[⑤]，精神、力气俱用在右足后蹬上，难之解与不解，险之出与不出，全赖蹬此一脚。蹬到要害处，不惟可以解难，亦可伤人；蹬不到痛处，不惟难不能解，后之被害不知伊于胡底[⑥]矣！可不慎哉！然慎之于蹬之之时则已晚，不若慎之于上势。将踢之时，视其可踢则踢之，不可踢则不踢，不可妄用其踢也。即有隙可乘踢，贵神速不贵迟缓，贵踢关紧穴俞，不贵踢宽髀厚肉不着痛痒处。此要诀也，踢者须知。

注 释

① 得住：得到，此为抓到、逮到。得，俚语读 dǎi。

② 非：有非常之意。

③ 蹉：音 zuō，失足，此为“左右脚来回蹬”。

④ 速将身涉下：涉下，经过，到。此意为“迅速翻转身向下”。

⑤ 脐以下：泛指腰以下。

⑥ 伊于胡底：出自《诗经·小雅·小旻》：“我视谋犹，伊于胡底。”指对不好的现象表示感叹。

第三十二势　蹬一跟新式图

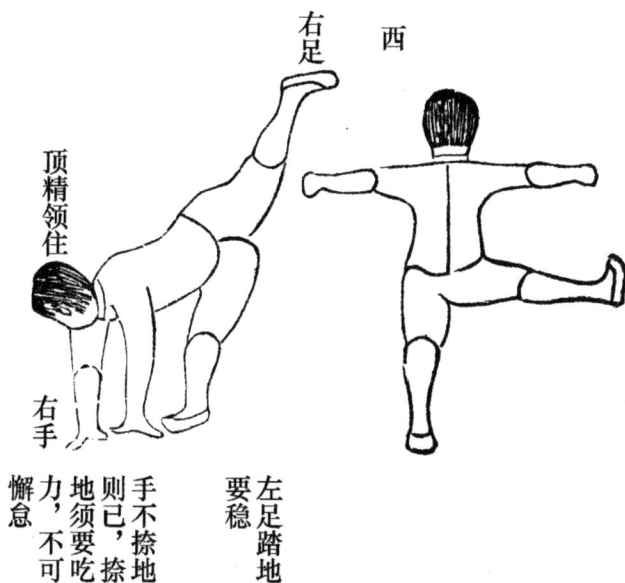

此势比前式为难，欲避难就易，故又为学者立一法，以令其先学此，而后再习彼，亦俯而就之，易于作为，恐其畏难之心胜而半途而废耳。踢一脚，面朝西倒转，自西而北、而东，头向东面、向下。左脚踢罢，由西而北落到右脚之东，即以右脚往后蹬一跟，蹬敌人之胸，身即速倒转，愈快愈好。顶精领起来，两手用倒转缠丝精合住精，两手捺住地亦可，不捺地亦可，脚不必倒往上蹬，只用力向后蹬。后即西方，眼看左右手，心注右足上。蹬一跟者，用脚后跟蹬之。脚趾不如后跟有力，故不言趾而言踵。然趾亦非无用物，特较踵而稍轻耳。全身精力必皆聚于右脚后跟而可，不蹬则已，蹬之必令敌人跌倒。

取 象

我以左足踢人，被人搦住左足，是此身习（坎）入于坎宫中矣，故取诸（坎）。而有剥床以肤，切近之灾，故又取诸（剥）、（泰）。初爻曰：拔茅茹（否）；初爻曰：拔茅茹。敌人欲以一手提起吾身，似拔茅连茹之象，故又取诸（否）、（泰）。困之。初爻曰：入于幽谷，三年不觌[①]言我之头朝下，无所见也；三爻曰：困于石，据于蒺藜艮为手，为石，喻敌人手捋之紧，如据蒺藜之中也；上六：困于葛藟[②]，于臲卼[③]，曰动悔，有悔，征吉足被缠束，如葛藟叹危之甚，动而有悔。心一有悔，征则吉，不征则凶。故又取诸（困）。倘非硕果言右足也，不食，安得衹小渚也？既平？樽酒簋缶贰[④]，纳约自牖而谋出险，得与脱辐之占。迨一脚蹬后，倾否已过，大难既（解），楷杨生梯[⑤]，不大有庆乎！人曰祐之自天，吾谓事实由人，苟得其道，自占休（复）。

蹬一跟七言俚语

其一

左脚向西朝上踢，两手捺地似虎力。

倒悬身法向手敌人手蹬，翻身演手照胸击。

其二

再将右足上蹬天，顺住左腿蹉无偏。

事到难时皆有法，谁知身体解倒悬。

按：本势取象坎☵☵、剥☶☷、泰☷☰、否☰☷、困☱☵等卦，宜用奇招，化险为夷。

注 释

① 觌：音 dí，见、相见，观察、呈现。

② 葛藟：音 gé lěi，植物名，落叶木质藤本。又称千岁藟。

③ 臲卼：音 niè huǐ，应为臲卼，音 niè wù，动摇不定的样子。

④ 樽酒簋缶贰：出自《易·坎》："樽酒簋贰，用缶，纳约自牖，终无咎。"

⑤ 楛杨生梯：楛，应为"枯"；杨，杨树；梯，应为稊，音 tí，嫩芽。出自《易·大过·九二》，意为枯萎的杨树长出了嫩芽。

第三十三势　第四演手捶

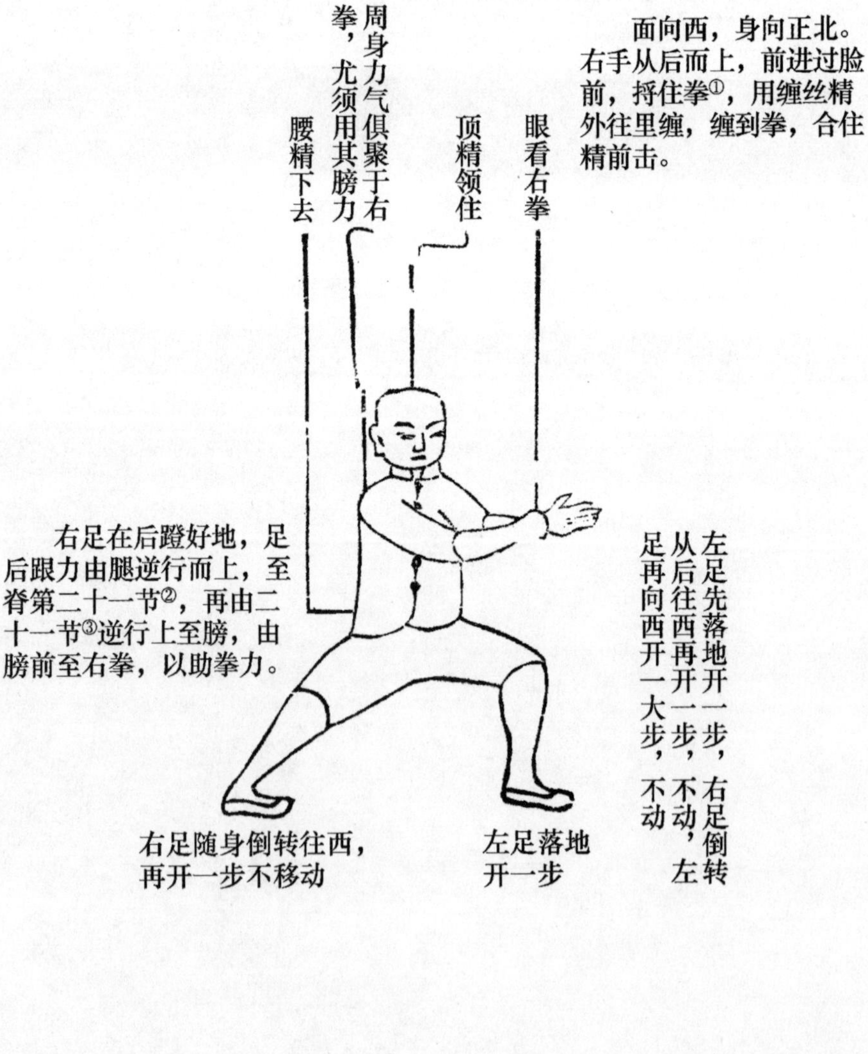
面向西，身向正北。右手从后而上，前进过脸前，捋住拳[1]，用缠丝精外往里缠，缠到拳，合住精前击。
眼看右拳
顶精领住
周身力气俱聚于右拳，尤须用其膀力
腰精下去
右足在后蹬好地，足后跟力由腿逆行而上，至脊第二十一节[2]，再由二十一节[3]逆行上至膀，由膀前至右拳，以助拳力。
左足先落地开一步，右足倒转从后往西再开一步，不动，左足再向西开一大步，不动
右足随身倒转往西，再开一步不移动
左足落地开一步

当蹬一跟毕，左脚先落地倒转，自东而南、而西。右足再向西开一步，胸向正北，左足再向西。打演手捶，左手在西，用合精，以应右手。左手用倒缠精向西，手背朝上，合住捶击敌。无敌如对敌，拳落左手腕中打演手，左右胳膊不必展开，视敌之远近，如敌去吾远，不妨展开胳膊；如敌去吾太远，不妨连步[4]以进，或一步，或两步，或三步，右手捋住拳，伸开胳膊以击之，如此势连三步是也。如敌丽附丽[5]也吾身过近，正不妨屈胳膊，手捋拳，而以全身力气努而击之[6]。虽然亦视己之功夫如何，力量如何，出精如何。如功夫、力量出精皆宏畅有余，用努力胜于伸肱远矣。盖此处一动，彼即跌于数武[7]外矣。不然，则屈肘击人，仍不如伸肘之为快。盖伸肘纵不能跌人，而先无掣肘之患。顶精、腰精、眼神、裆精，该领、该合皆如前法。至于步法，倒身蹬毕，面向下者，自东倒转而南、而西，左足先落地，扭后跟，自东而南。右足倒转，从南向西开一步，是时胸已向北，左足再往西开一步，是左右足连三步矣。左足未落稳，右拳即向西击。如无敌人在西，右拳即落在左肩、左胁之外，去肩与胁六七寸许亦可。空耍拳势原无定格，至近右拳落在左胁前，拳去左乳仅五六寸，亦无不可。平居耍拳不可不守成规，亦不可拘泥成规，是在学者能善用其内精。至于形迹或为地势所限，随其地势斟酌运用，可也。

右拳图

肘节背面

左手图

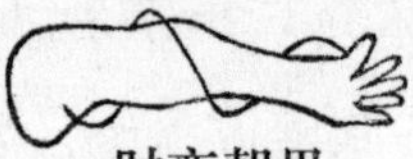

肘弯朝里

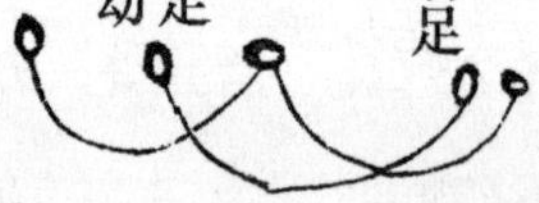
左足在前
右足在后
右足不动
右足
左足先落地，即以左足向西开步，左足后跟扭转，用倒转精。右足亦用倒转精，再向西开步
左足在西仍用倒转精，再向西开一大步
左足落到大⑧西亦不动

注 释

① 捋住拳：捋，音 luō，搦着拳，如“捋臂揎拳”（luō bì xuān quán），卷袖伸拳，准备动手。下同，不另注。

② 脊第二十一节：指脊骨第二十一节末端尾巴骨。

③ 二十一节：指脊骨。

按：解释演手捶拳法的描述，是按老势“双蹬脚”势后落左足开步。

④ 连步：即垫步。

⑤ 附丽：附着，依附。

⑥ 努而击之：尽量使出力量击打对方。

⑦ 数武：古代六尺为步，半步为武。数，几个。几个半步。

⑧ 大：衍字。

当高探时，立而击人，至遇劲敌或南面手够不着下平声，插以右脚，或北面插以左脚，或回头向东演手，或倒回头向西二起，或向西踢以左脚，或倒转用大转身蹬以右足。上有噬嗑、何荷也校[①]、灭趾[②]之凶，下有大过[③]、过涉、灭顶[④]、噬嗑、灭耳[⑤]、颐[⑥]之、颠颐[⑦]诸象，反覆其道，不知何时始能出重险，利涉大川[⑧]而得中行独复[⑨]乎？今则七日来复[⑩]矣，履道坦坦[⑪]，其谁不用武人之征[⑫]，演之以手报怨也！孔子曰：以直报怨[⑬]，未为过也。

注 释

① 何校：噬嗑卦爻辞。上九："何校灭耳，凶。"

② 灭趾：噬嗑卦爻辞。初九："履校灭趾，无咎。"

③ 大过：《易经》第二十八卦。

④ 过涉、灭顶：《大过》上六爻辞。"过涉灭顶，凶，无咎。"

⑤ 灭耳：噬嗑卦爻辞："何校灭耳。"

⑥ 颐：《易经》第二十七卦。

⑦ 颠颐：颐卦六四爻辞："颠颐，吉。"

⑧ 利涉大川：出自《易经》第五十九卦《涣彖传》："利涉大川，乘木有功也。"

⑨ 中行独复：《易·复》六四爻辞："中行独复，以从道也。"

⑩ 七日来复：出自《易经·复》："反复其道，七日来复，天行也。"《周·易》复卦，主十一月。复卦六爻，第一爻阳，其他五爻均为阴，表示阴气剥尽阳气复生，称为"来复"。现常指一星期。

⑪ 履道坦坦：《易经·履卦》九二卦辞："履道坦坦，幽人贞吉。"

⑫ 武人之征：指将帅军人。《诗经·小雅·渐渐之石》："武人东征，不遑朝矣。"

⑬ 以直报怨：出自《论语·宪问》，意为以公平正义的办法对待不端行为。

内 精

中气由丹田上行到肩，从肩而下向外，由外斜缠以至于拳背第三节下边。力由后踵起，逆行顺脊以至右拳，须用肩膊力合住精打之。左手也是倒缠至手，手微抠住腕向东，顶精、裆精如前，左膝屈住，与右膝相合，脚平稳踏地，右足在后如蹬物，以助右拳之力。右膝不可软，与左膝合住精。

取 象

上五势，诚有习坎重险之象。三爻曰：来之坎坎，险且枕，入于坎窞。虽欲，勿用，不得也，故取诸坎。然天下事虽曰无平不陂，亦无往不复无平不陂，上五势也，盖本乎天者，亲上而反亲下，言头也。本乎地者，亲下而反亲上，言足也。无往不复者，亲上亲下，各复其本然之位也；否极泰来，故再取否泰，时既泰矣。故晋如摧，如独行其正，故取诸晋。《象》曰：晋，进也，柔进而上行言右足大踵之力亦上行，助右拳力。上九：晋其角，维用伐邑，厉吉以厉为吉。谁谓密云不雨，自我西郊乎？苟复自道，则以既雨既处矣，何咎？故又取小畜。

第四演手捶七言俚语

其一

第四演手面向西，入险出险报[1]人欺。

右拳须用膀上力，一击人都乱马蹄。

其二

左足落地最为先，右足转落左足前言倒转，向西进一步。

再将左足进一步，试看神力饱空拳。

注释

① 报：应为“被”。

第三十四势　小擒拿

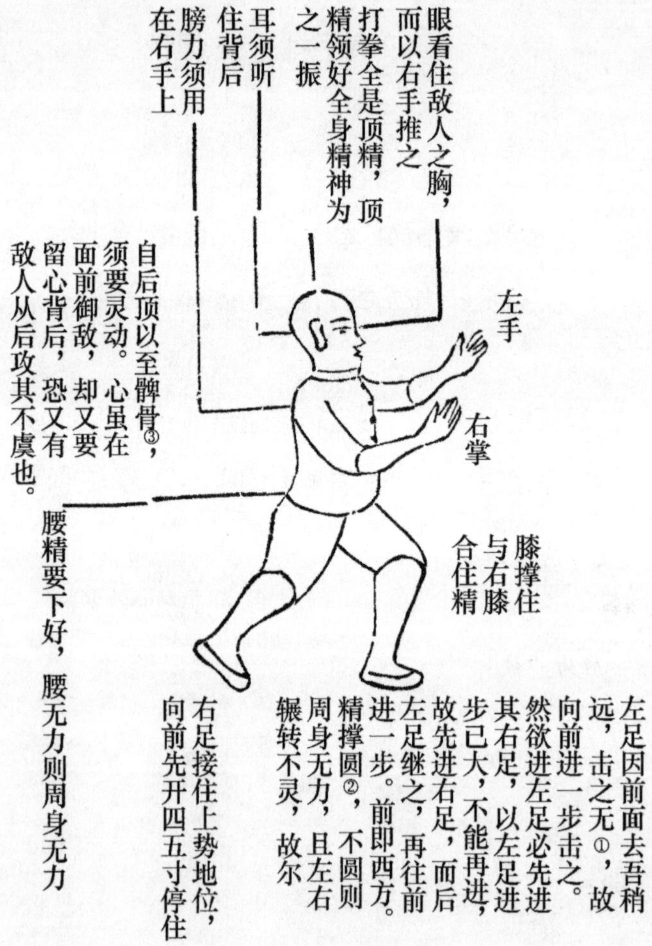
眼看住敌人之胸，而以右手推之
打拳全是顶精，顶精领好全身精神为之一振
耳须听住背后
膀力须用在右手上
自后顶以至髀骨③，须要灵动。心虽在面前御敌，却又要留心背后，恐又有敌人从后攻其不虞也。
左手
右掌
膝撑住与右膝合住精
腰精要下好，腰无力则周身无力
左足因前面去吾稍远，击之无①，故向前进一步击之。然欲进左足必先进其右足，以左足进步已大，不能再进，故先进右足，而后左足继之，再往前进一步。前即西方。
精撑圆②，不圆则周身无力，且左右辗转不灵，故尔
右足接住上势地位，向前先开四五寸停住

敌人以手击我，我以左手用顺转精引开敌人之手，而后以右手向敌人鸠尾穴④推之。须用掌力，掌上有力方能推倒人。

按：此势动作小巧，身法灵活，中含暗劲。敌众我寡，八方观察，虚实相兼，掌捶互用，可採可打。

注 释

① 击之无：脱一“力”字，应为“击之无力”。

② 精撑圆：前脱一“裆”字，应为“裆精撑圆”。

③ 髀骨：音 pì gǔ，股骨。出自《医宗金鉴·正骨心法要旨》：“髀骨，上端如杵入与髀枢之臼，接于（骨行）骨，统名曰股，乃下身两大支之统称也，俗名大腿骨。”

④ 鸠尾穴：属任脉，位于人体心窝正下方，最底下肋骨稍下处。

前之演手或未击到敌人痛处，复与我敌；或已击倒而又复起反来相斗；或此人已跌倒，又有一敌前来相敌，要[1]皆去吾身稍远，不能相接交手，则必下边左右脚进步，身与敌近，而后以左手拨开敌人之手，而以右手掌用力推打敌人胸前，皆列阵大战。此则敌稍败而复来，故上遮下打，擒而取之，不必用大身法。曰小，言身法小也。

注 释

① 要：紧要、关键。

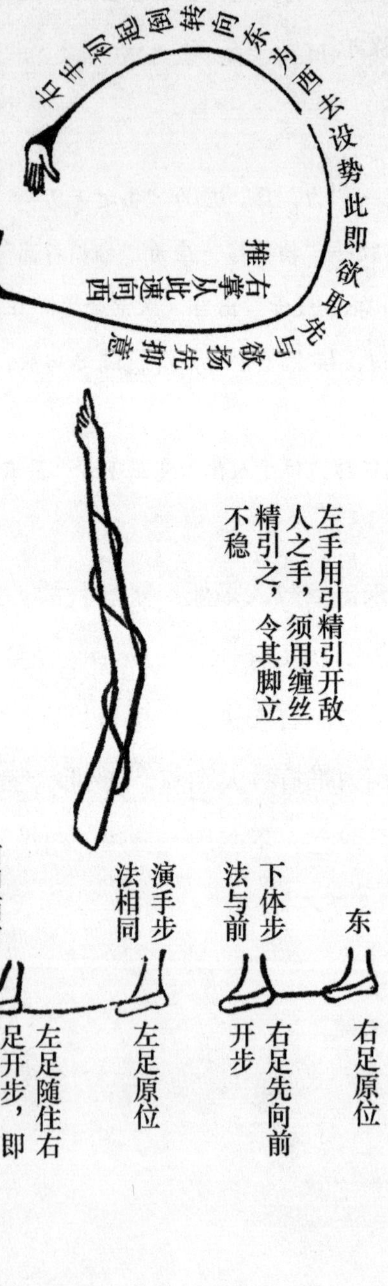
右手似闸转向东为西去设势此即欲取先与欲扬先抑意
右掌从此速向西推
左手用引精引开敌人之手，须用缠丝精引之，令其脚立不稳
东
下体步法与前
演手步法相同
前即西方
右足原位
右足先向前开步
左足原位
左足随住右足开步，即速向前开步
右手掌前推图

内精

我以左手拨敌人之手，须用顺转精，或上提引之，或自北向南拨开。左右是一齐前去，左手在上，右手在下，用倒转精自南而北、而后向前击之，此肘下偷擒法。

取象

此势如马武捕虏，几为周建、苏茂所败言前数势也。及王霸不救，武倍力相战，反败为功[①]言上演手捶。既得胜矣，而又赶尽杀绝，如苍头子密杀彭宠[②]以降。小擒打如楚项羽打章邯[③]，九战九胜。又如鸿沟划界之后，汉王必欲将项羽逼死乌江而后已。又如晋[④]卦之晋如摧如摧，以手推倒敌人。独行正也之象，故取诸晋。又如二爻之晋如愁如愁，小心形于外者也，贞吉以中气行之，正而固也。受兹介福言得胜奏凯而归，于其王母王母居西方瑶池。一连数势俱往西打，此则西而又西。亦有上九：晋其角喻右掌也，维用伐邑，厉厉是厉害，勇也吉无咎。又如明夷之而狩，必得其大首而后已。又如盘庚[⑤]所言，乃有不吉不迪，颠越不恭，暂遇奸宄，我乃劓殄灭之，无俾易遗也种于兹新邑言除恶务本之象。家人：上九、有孚威如，终吉，虽见恶人往者，虽蹇来，自硕也，故又取家人上九；睽，初九；蹇，上六诸象。

小擒拿六言俚语

上势演手最红，况兼以奇决胜奇计也，上遮下打，偷打人也，故曰奇。心手眼足一气，敌被我擒预定。

七言俚语

其一

后脚跟随左足前前，行前也，左足抬起再往前。

左手提起似遮架，右手一掌直攻坚。

其二

掴肚[6]一掌苦连天，偷从左手肘下穿穿过去。

神仙自是防不住，何况中峰尽浩然浩然，中气也。

五言俚语

西方庚辛金，万物结果期言万物到秋天时皆有结果，

宁有小擒拿，到此不称奇言亦有结果也。

七言俚语[7]

一阵东攻言诸势皆在此势之西一阵西言演手捶在西，西而又西言本势小擒拿

奇寓正，至此始知太极捶。言前数势皆为小擒打设势，至小擒打乃太极拳一小结果时也。实中有虚，虚中有实，太极自然之妙，用至结果之时，始悟其理之精妙。

注释

① 马武捕虏……反败为功：马武，东汉名将，“云台二十八将”之一，任捕虏将军，封杨虚侯。王霸，东汉名将，“云台二十八将”之一，任讨虏将军。公元28年，马武和王霸共同讨伐周建和苏茂，马武先前作战不努力，受夹击被苏茂、周建打败。逃跑时王霸不救。待士气高时，王霸与马武前后袭击，反败为胜。

② 苍头子密杀彭宠：彭宠，东汉人，刘秀将领，不受重用后反叛。苍头，家奴。彭宠反叛刘秀后，被自己的一个叫子密的家奴杀害。

③ 楚项羽打章邯：秦末，项羽作战勇猛，秦派大将章邯对阵，项羽屡败章邯。

④ 晋：卦象为䷢，离上坤下。晋者，进也，艺精胆大。

⑤ 盘庚：商朝第二十位君主，为了改变社会局面把国都迁到“殷”（现安阳地区），史称“盘庚迁都”。

⑥ 掴肚：掴，guó、guāi 两种读音，意思一样：用巴掌打耳光。这里指用掌击到肚子上，暗合扣劲。

⑦ 七言俚语应为四句，即：“一阵东攻一阵西，西而又西奇寓正。更奇不足偷一步（奇而又奇偷一步），至此始知太极拳。”

第三十五势　抱头推山

上既有咸①其辅颊舌，则咸其耳，咸其目，咸其头（头亦能触），咸其肩，咸其肘，皆在其中。左手掌与五指俱用精前推，两肘要搁精②，亦犹左足之咸其拇也，两肩用力
咸其脢（脢背内在心上而相背不能感物而无私系）
腿弯直硬，一丝不可软
咸其拇（足大指也），后足蹬好
顶精领好
眼看右手
咸其辅颊舌（辅口辅腮内肉颊嘴颊舌口内舌也）
右手掌用精亦犹右足之咸其腓也
裆撑圆
咸其腓（足肚也）
前膝撑好
咸其股膝可知矣
心为一身之主，后既咸其脢，前之咸其心者可知

按：此势双掌合在左右耳根下，肩之上抱头向下向前弧形推按出，推时要快。

注释

① 咸：卦象为䷞，兑上艮下。咸，感也，感应，又有“皆”的意思，此处指感应敏捷，动作灵敏。

② 搁精：搁，放置；放开。搁精即放开精（劲）。

我方面向西擒人，彼周围之同党敌我者。忽然有人从背后来击我，我恐击我头颅，即时扭过脸来，而以我之左右手分开敌人左右手，以两手推敌人之胸，使敌之两手不得入内而击我，势如手推山岳，欲令倾倒。右大腿展开者忽然屈住，左大腿屈者忽然展开，左足用力蹬住地。顶精领好，腰精下好，裆精撑圆，足底用力踏地，膀力用到掌上，周身力气俱注于左右手掌上。推时力贵神速，纵不能推倒，亦可令其后退数武。

内 精

两肱、两股皆用缠丝精，外往里缠，取其并力相合以攻也。敌越近，推之越宜速。盖远则推之易，近则推之难，进如疾风吹人，电光猛闪，愈速愈好。左右手先自上下行，从两大腿分开上行，外往里合，入到敌人两肱内，塌住敌胸，力推之。如与敌身相去仅有数寸，手不速，推不倒，且致敌令生巧计[①]，故贵神速。

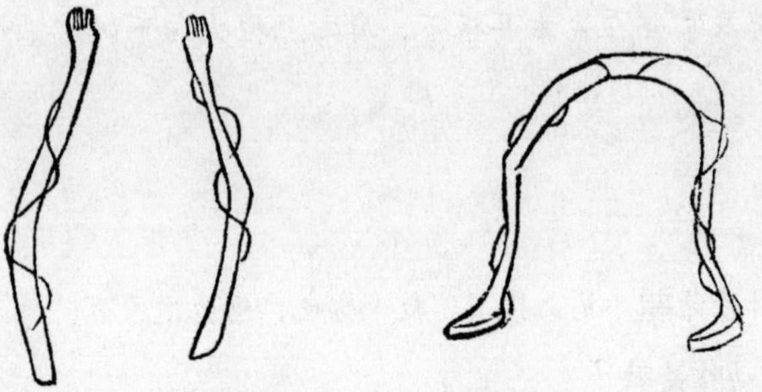

右手倒精缠法图　左手倒精缠法图　右腿倒精缠法图　左腿倒精缠法图

注 释

① 令生巧计：应为“另生巧计”。

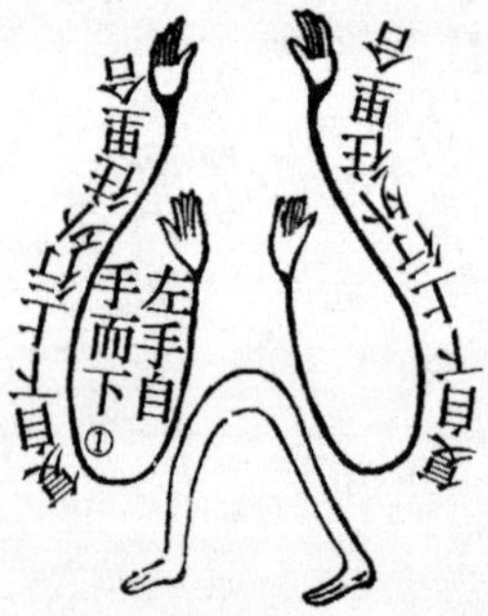

右足开步图　　右足

上势左足向西在前，此势身已转向东方，则左足在前者反为后足，左足不必离本位，但一扭转脚后跟而已。

扭过来，向之[2]右足在后者，今则反为前足，即从在东之原位，再往东开一步，因各人脚步之大小而开之，必须令足得势，用上力气为止，开步远不过一尺。

注释

① 左手自手而下：应为"右手自上而下"。

② 向之：过去，刚才。《兰亭序》："向之所欣，俯仰之间，已为陈迹。"

取象

上势我本面向西擒人，忽然有人从东面来，意欲出我不意以攻我，是从背后先感我也。我即翻然转过身来，面向正东，以两手推人，是我感乎人也。两面相感，如《易》之少男少女两相感触也，故取诸咸。咸，感也。人来感我，不肯轻放过我；我之感人，岂肯轻放过人？既不肯轻放，势必至用全身力，如欲推倒山岳之势以推之。故咸拇、咸腓、咸股、咸脢宜也。而且五官百骸无不与之而俱感，恐两手之力小，不能推倒人，不若全体之力大，可以摧翻敌也。《彖》曰：二气感应以相与言男女也，是以亨利贞。在拳，是我以天地之正气感人，无不通，无不利，以正而固。所以动而不失其常时，虽仓猝，处之泰然，是宜推则推，非有意于推而自不失不推之患也。然头不至重，故以手左右抱裹而推之。

抱头推山七言俚语

其一

方丈蓬莱瀛洲山[1]，此中定有好神仙喻敌人也。

余今且效奇男子，双手推入巨涛间。

其二

推山何必上抱头，惧有劈顶据上游。

转身抱首往前进，推倒蓬瀛盖九州[2]。

其三

两手托胸似推山，恨不一下即摧翻。

此身有力须合并，更得留心脊背间叫起下势单鞭意。

注 释

① 方丈蓬莱瀛洲山：三座仙山名，《山海经》记载海上有三座仙山即言此三山。传说，山是仙境，有长生不老之药。秦始皇、汉武帝曾派人寻找仙山上的神仙及仙药。

② 推倒蓬瀛盖九州：蓬瀛指蓬莱山、瀛洲山。九州：中国古代典籍中记载的夏、商、周时代的地域划分，后成为中国的代称。《尚书·禹贡》记载九州为："徐州、冀州、兖州、青州、扬州、荆州、梁州、雍州和豫州。"

意指抱头推山势，手抱头从耳根下推出，是运用现在的"推铅球"力学道理。快速推按，力道最大，故如推山。

按：此势取咸卦象䷞，兑上艮下，喻感应、反应的敏捷，动作灵巧。

第三十六势　第四个单鞭

节解

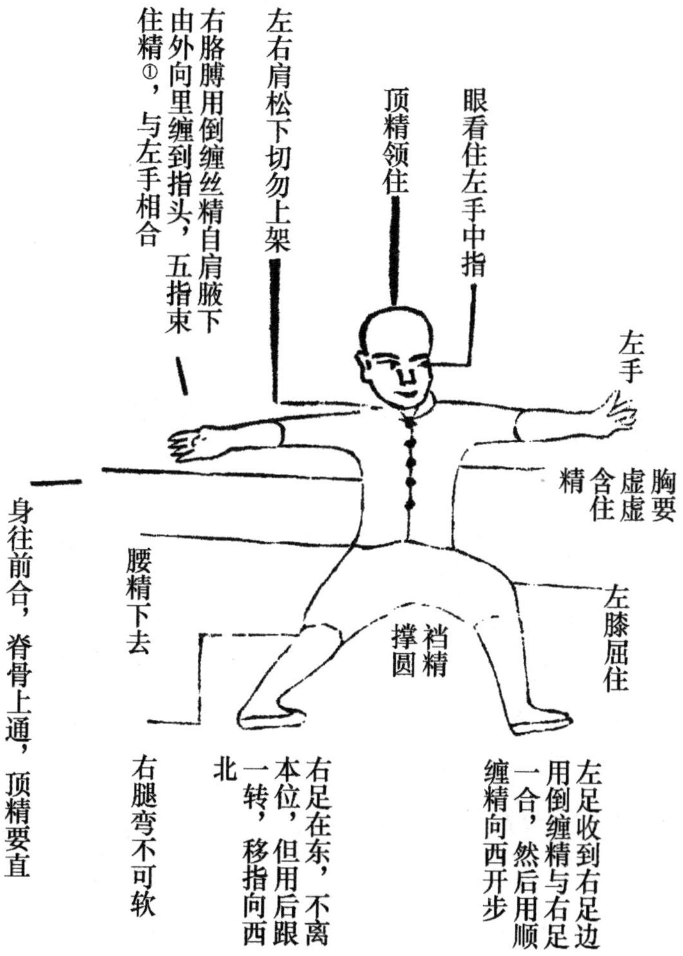

眼看住左手中指
顶精领住
左右肩松下切勿上架
右胳膊用倒缠丝精自肩腋下由外向里缠到指头，五指束住精①，与左手相合
左手
胸要虚虚含住精
身往前合，脊骨上通，顶精要直
腰精下去
裆精撑圆
左膝屈住
左足收到右足边用倒缠精与右足一合，然后用顺缠精向西开步
右足在东，不离本位，但用后跟一转，移指向西北
右腿弯不可软

注释

① 束住精：撮成勾手。

引蒙

抱头推山才将东面敌人推倒，忽然又有人从西面击来。吾即以东面两手，用外往里缠精一合，然后用里往外缠精，向西劈去，左胳膊展开。

部位前法已言。心要虚，心虚则四体皆虚，丹田与腰精、足底要实。三处一实，则四体之虚者皆实，此之谓虚而实。顶精领好，则全体精神皆振。右胳膊合则用倒缠精，伸则用顺缠精；左胳膊合与伸皆用倒缠精，两腿合则皆用倒缠精。自足缠到大腿弯，开步右足不动，左足向西开步，用顺缠精自足里往外缠，亦缠到大腿弯，足指、足腓皆用力。

此是倒缠法图

此是顺缠法图

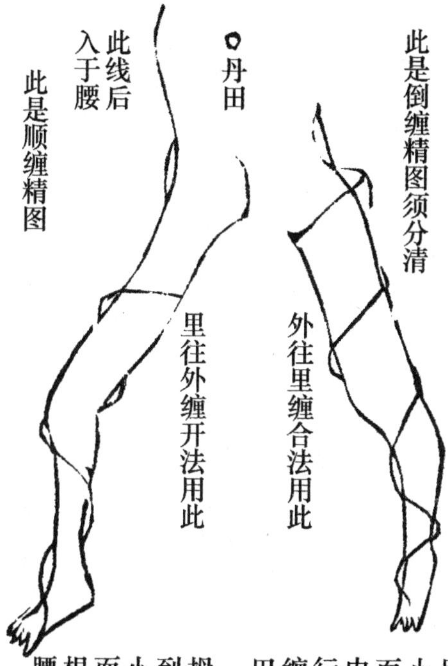
此是倒缠精图须分清
外往里缠合法用此
丹田
里往外缠开法用此
此线后入于腰
此是顺缠精图
此是点足法，自足小趾起过脚面缠一圈至内踝骨，上行外臁，斜缠而上至丹田止
自足大拇起过脚面到外踝，越小腿肚斜缠而上至大腿根，上至后腰止

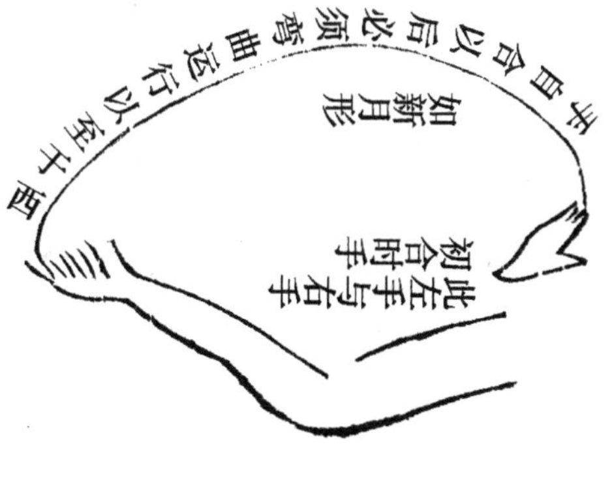
此是左手用顺转精舒展开
由合以后必须弯曲运行以至于西
如新月形
此左手与右手初合时手

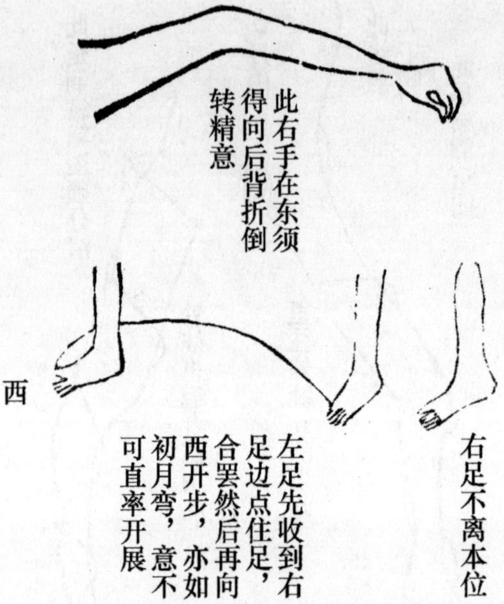
此右手在东须得向后背折倒转精意
西
左足先收到右足边点住足，合罢然后再向西开步，亦如初月弯，意不可直率开展
右足不离本位

取 象

上势面向东，说是面向东，胸向正北，面则半面向东，此不必再论。但以此拳名为太极，自始至终皆以《易》取象，故此势仍以《易》之取象与拳之相合者而取之。《易》上经始于乾坤，终于坎离[①]。盖乾坤以中气（即中画之气）相交，故再索而得坎离，故以坎离终上经。太极拳至第四个单鞭，已三十有四势，故亦可以坎离作一结束。然气机未尝停止，不过借坎离以暂结束此段耳。暂以离卦言，离中虚，上一阳画象左右肱，下一阳画象左右腿，中之阴画象心。离，明也，上离下离，继相照也。心之虚明如日月，继续相照，无时不明。且心一空虚，则全体皆虚。惟虚则灵，灵足以应敌，故取诸离。以坎

卦言左右肱之在两旁者，象坎上画之阴；左右足之分开而立，象坎下画之阴；中气贯于心肾之中，上通头顶，下达会阴，如坎之中间一阳画，盖人惟实理实气实理即至诚，实气即化机流行，充实于内而后开合，擒纵自无窒碍，故取诸坎。合而言之，初拉单鞭留心运行，皆以中气坎也；方拉单鞭时，一以虚灵之心无所不照，是坎之错离也。至单鞭势既成，心平气和，中气归于丹田，是离又错于坎。坎离相合，复归乾坤二卦，复归太极阴阳之元气。心属火，肾属水，即《易》之坎离。故心肾一交，仍归乾坤，而吾身太极之元气元气即阴阳五行之气复矣。乾刚坤柔，阴阳并用，不偏不倚，无过不及，坎离得中，斯艺乃成。坎离固有坎离之正位，而第以坎离视坎离，是未知坎离之所由来也；且未知坎为中男，离为中女，中男中女亦乾坤中之一小乾坤也。吾身中备阴阳之理气，其在天地间，不自具乾坤之正气乎！既具乾坤之正气，是吾身亦自有太极之元气也。以吾身本有之元气运于吾身，其屈伸往来、收放擒纵，不过一开一合与一虚一实焉已耳！故此势谓之为坎离可，谓之为乾坤推其原也亦可，即谓之为太极亦无不可。且自有仍归于无言之，即谓之无极亦无不可。只要理能推活，皆可借之以命名。但单鞭象近坎离，故即以坎离明单鞭，此单鞭之所以卦取坎离也。

第四单鞭七言俚语[2]

其一

第四单鞭象坎离，闲拉无事不为奇。

抱头方向[3]东边击，转向西方击更宜。

其二

双手抱头向东推，又有敌人自西追。

回头诸势来不及，惟用单鞭最相宜。

其三

左足从容向西方，抱头东推力倍强。

庚辛西方也从后来相击，转即回头也用单用，我用也鞭一命亡。

其四

忽然左耳听西方，若有人兮称刚强。

岂知太极元气转，为用全鞭④孰敢当?

其五

声东击西计最良，此是平居善用方。

谁知实向东推毕，转脸西击一字长一字，言我单鞭如一字长蛇阵。

注 释

① 坎离：坎（水）卦和离（火）卦。离，卦象为☲、坎，卦象为☵。坎离相合归于乾坤，归于“太和元气”。

② 七言俚语：原版本无，据文意补。

③ 方向：方，正要，方要。正要向。

④ 全鞭：应为“金鞭”。笔误。